這不是教養書

孩子要長大，爸媽要長進！
岑永康×張珮珊的獨家報導

岑永康、張珮珊——著

你常對孩子有種恨鐵不成鋼的感慨嗎？
你對於青春期孩子的執拗不知如何是好，
也不知該如何跟他和平共處嗎？
孩子還小時怕他跌倒受傷，長大又擔心他的學業與工作嗎？
你知道跟孩子相處需要學習，跟孩子分離更要練習嗎？
永康、珮珊藉自己的經驗，分享跟孩子一起成長的酸甜苦辣！

推薦序

我們各司其職，就是愛的極致

我是Sammi，永康、珮珊的第一件「人生作品」。

一直覺得自己出生在我們家很幸運，有一對極其相愛的父母（他們形影不離，比我和弟弟更像雙胞胎）和一個可靠又可愛的弟弟，成長路途有你們，無比幸福。

常言道，身教重於言教，父母對我的影響很深，在表達、在處理人際關係，以及價值觀等各方面都是。爸爸、媽媽以身作則，在日常生活當中演示著他們待人處事的技巧、方式及態度，我也潛移默化地學習著。一直很佩服爸媽把工作和家庭之間的平衡掌握得很好，成為像他們這樣的人，也一直是我努力的方向。

我認為自己的家庭充滿愛，這讓我成為一個充滿自信的人，對於生活中各式各樣的挑戰從不退縮。基於爸媽給我的鼓勵及信心，我常常覺得沒有什麼坎是過不去的；船到橋頭自然直，可以說是我的生活態度，但前提是航向一定要正確。

我們一家人都很喜歡旅遊，一起探索不一樣的文化。記憶中，從小到大，一年當中總有幾次的家庭旅行，爸爸媽媽工作再忙，也會共同排出一些時間帶我們出去看看世界；旅行可說是我們一家最大的共同興趣。

各國的美食、人文風情、上山下海各式特殊活動，給了我們成長豐富精采的養分，我很欣賞爸爸總是把行程安排得很妥當且豐富，讓我們在有限的時間內得到最大程度化的體驗、收穫；佩服媽媽總是盡善盡美地照顧大家「食」的部分，無論是尋找當地特色美食餐廳，每每都能滿足大家的胃口，抑或直接在當地市場買食材自己做，迅速變出一桌好菜，她是「神奇的行動廚房」，我們往往享用得讚不絕口。

出國留學可以說是爸媽在我們求學階段為我們做的最正確的選擇。我覺得自己特別適合這種相對自由的教育體制，能夠自己選擇和調配個人化的課表，這讓我在紐西蘭的高中生活如魚得水。不像在台灣求學時期，總是有些科目念得特別痛苦，又不怎麼反映在成績上；付出的時間、精力和回報不成比例，成效不彰。但我要特別強調，不同地方有不同的體制，沒有誰比較好，單純只有適不適合個人，絕對沒有想捧高踩低哪一邊。

至於大家原本擔心的融入困難、文化隔閡，我和弟弟完全沒有碰到什麼障礙，或許是這邊的人大多比較友好，又或許是我們總是抱持開放的心態，樂觀、開朗的胸懷去面對。

非常感激我的家庭給予我現在所擁有的一切。身為我們家的一分子，真的很幸運。我們各司其職，努力把各自現階段該做的做好，就是愛的極致表現。

這本書是爸爸媽媽用他們二十多年的青春歲月、鉅細靡遺地記錄我和弟弟的成長歷程，希望讀者朋友在閱讀的過程中能夠找到一些共鳴，用心經營你的家庭，獲得美妙的啟發。

Sammi 2022年

推薦序

言教、身教與時間管理，是爸媽送我最好的禮物

大家好，我是Ethan，目前就讀於紐西蘭的奧克蘭大學工程系，努力朝著我的航太夢前進。

小學的時候，班上許多同學都知道我的爸媽是主播，所以認為我的語文程度一定比其他人好、將來應該也會走上文科的路。結果恰恰相反，我是全家唯一的理工男，對科學和數理比較在行，也謝謝父母在中學的時候給我許多資源加強我的數理底子，並且勇敢為我們做了這個決定：國中畢業就前往紐西蘭讀高中、念大學，在南半球的

教育環境中摸索我未來的志向。

在異地學習、探索學習領域和生涯志趣的這幾年，真的很感謝爸媽輪流不間斷地陪伴。為什麼說是輪流？因為爸媽必須有一個人在台灣工作賺錢，而另一位則要確定我們能適應新環境、擁有自「煮」能力、過得安穩，這不禁讓我覺得我的爸媽是何等的偉大，我想都沒想過像我們感情如此深厚的一家人會分開那麼久，他們卻感覺已經習慣了為愛奔波。好在我也沒讓爸媽失望，在他們來回陪伴我們的時候，我也激勵自己要贏得好成績，最後也達成目標，收穫滿滿的上了大學。

除了數理的頭腦，相較於我的同學們，我的性格開朗外向，很少怯場。可能是因為爸媽經常帶我參加各種節目錄影，還有長期擔任學校司儀的姊姊Sammi，啟發了我喜歡表演的欲望。舉個例子，社團成果發表會，每位同學都急著展現自己在音樂、戲劇、武術方面的學習成果，而我跟姊姊卻是去找老師詢問，「老師，我們可以當主持人嗎？這麼精彩的活動需要有人介紹串接。」比起那些需要台上十分鐘、台下十年功的才藝演出，我更喜歡帶起整個活動的氣氛，讓觀眾更High、更投入。

爸媽除了告訴我要勇於表達自己的想法，有紀律的培養時間觀念也非常重要。我們家所有的鐘錶都會調快五分鐘避免遲到，雖然看似小小的動作，卻讓我總是能更有效率地完成我的任務，給自己充裕的時間，做個為自己負責的人。還有以前爸爸鼓勵我參加游泳隊，培養早睡早起的良好作息，直到現在，我跟姊姊在紐西蘭獨立生活時，我都持續保持一大早去健身房鍛鍊，到學校上課、在樂高教室當助教，把生活排得滿滿的，但依舊能維持晚上十點以前上床睡覺。這些好習慣需要長時間培養，很感謝我的父母在我很小的時候，就已經把這些小觀念烙印在我的小腦袋中，讓我總是能準確的達成目標。

至於如何讓孩子變得獨立自主？培養好的時間觀念？成長過程不叛逆？我記憶中，從來沒跟爸爸、媽媽頂過嘴或吵過架。哈，就請你繼續閱讀這本書，我們有一個又一個真實在家裡發生的小故事，其中有許多挫折亦有許多收穫，慢慢說給你聽。

Ethan 2022年

自序

這真的不是一本教養書

「真敢！這兩個主播居然出教養書？等他們的孩子出包，就拿這本書打臉。」永康、珮珊當了一輩子的媒體人，酸民看好戲的心態，我們比誰都清楚，所以開宗明義，書名就先交代，「這不是教養書」。

確實，搜尋「星二代、富二代、政二代」，只要上了新聞通常沒好事，所以出版社邀約出親子書，我們總是「謝謝，再聯絡！」直到最近，兩個孩子都成年了，「三觀」正、陽光開朗，加上臉書「岑永康張珮珊窩幸福」鐵粉們的鼓勵跟期盼，才讓這本書得以順利誕生。

這本書有個副標，「孩子要長大，爸媽要長進，岑永康、張珮珊的獨家報導」，很貼切地點出了本書的特色。我們的角色除了是爸媽，也像是紀錄片的專題記者，前後用二十多年的時間，近距離觀察、上山下海、陪著兩個孩子成長、嘔心瀝血地採訪、撰寫、編輯所完成的獨家報導。

從孩子出生到青春期到成人，我們這個平凡的四口之家，一路上的初衷想法、計畫執行、完成夢想，親子間如何各司其職、齊心努力的過程，其中幾個關鍵決定，包括珮珊暫別職場放洋陪讀，夫妻分隔兩地的挑戰，心中的猶豫、掙扎、害怕、取捨，內心話真實呈現、童叟無欺，全是第一手的獨「家」報導：家庭的「家」。

既然要出書，就得了解一下市面上有什麼對手，跟我們一樣不怕死，敢出親子書等著被打臉？調查結果很有趣。親子暢銷書有三分之一都是舶來品，翻譯自英文或日文，大多在介紹國外的教養觀點或異地的生活經驗（美國媽媽教自信／德國媽媽教自律／日本媽媽教負責／丹麥還是冰島的某某超級老師等）；另外三分之一賣得不錯的，是採訪教育學者並整合意見，或由專家撰稿（醫療專家、心理諮商、大腦解鎖、兒童理財教育等）；最後一塊則是教你如何培養良好的親子關係（像是零吼叫、聊天術、情緒對焦、深層對話練習等）。這些書籍都很好，它們教你當孩子生病的時候該怎麼辦？如何開發孩子的潛能、領袖特質？培養EQ、才藝、外語等，但全部看完，然後呢？好像還是無法解答「為什麼別人家的孩子永遠不會讓人失望，我家的孩子卻依舊這樣。」

再強調一次，「這不是教養書」。永康、珮珊才疏學淺，沒有金科玉律，無法提供五個親子定律、七個教養方針、十個傑出好習慣，而是真實跟大家分享我們家兩大兩小如何在歡笑和淚水中成長。

你會看到永康爸爸表面上像鐵人一樣堅強，卻在自己一個人搬家的時候，掉下無助又脆弱的眼淚；珮珊媽媽工作、家庭兩頭燒、南北半球來回跑、卻能養出極為自律的全E（Excellence）資優生；兩位辯才無礙的資深主播面對青春期的孩子，我們就跟你一模一樣，也曾有過「有理說不清，溝通好像鬼打牆」的時期。

教養不必糾結於一個最好的方式，別人的經驗無法複製，每個家庭、每個孩子都不一樣。我們認為的成功，不在於能否進入頂尖的大學、找到高薪的工作，而在於能否找到認同的目標和意義，能夠把自己喜歡的、擅長的發揮得宜。

父母的角色本來就多元且複雜，要隨著孩子的年齡調整變化，爸媽是孩子幼年時人生第一位老師，是他們遇到困難時的救援者，探索世界的啟發者，有時也是一個定心錨或GPS定位系統。我們盡最大的努力幫助孩子活出最好的自己，而不是成為父母的複製品。

二十年過去了，永康、珮珊依舊自認是快樂的父母、養育過程裡享受著無比的樂趣，初衷始終沒變，成果令人欣慰。這不是一本教養書，因為陪伴孩子長大的過程，往往我們才是那個被教育的人。

張珮珊

岑永康

2022年

目錄

獨家報導

01

台灣生育率全球最低

生養小孩的負擔太大？

01

台灣生育率全球最低

沒有爸爸的我，學習當爸爸

從男孩到男人，從不情不願到心甘情願

浪漫愛情電影裡，女生頭低低地貼到男生的懷裡，輕聲地說，「我有了。」男生欣喜若狂大喊，「我要當爸爸了！我要當爸爸了！」每次看到這種對白，我都想翻大白眼，「真的有男生那麼期待當爸爸嗎？驗孕棒兩條槓，男人臉上三條線吧！」我在心中默想著。在幸福家庭的美滿劇本中，若硬要塞一個反派，這角色非爸爸莫屬，至少在我成長的過程中是如此認定。

我的父親是個愛很多的人，是的，當年除了愛我媽，也愛其他人的媽媽，所以我念國中的時候，媽媽就把爸爸放生了。其實在更早期，土木系畢業的父親長年在海外工地賺美金，本來就聚少離多，因此當讀到朱自清寫的〈父親的背影〉，我一點感覺都沒有，後來才知道，其實朱自清跟爸爸的感情也不怎麼樣，甚至爸爸送他的畢業禮物「紫皮大衣」，朱自清收下轉手就拿去當掉，難怪他寫「父親的背影」，不寫「父親的正面」，可能父子面對面並非相看兩不厭，而是越看越討厭，這就是我成為父親前，對父親的印象，壓根不抱期待。

★燃起當爸爸醒悟的小生命

婚前，我跟珮珊為了確認彼此的價值觀，各自寫了不少QA問卷，藉此互相身家調查並深入了解對方的想法觀念。其中有一題，珮珊問我要不要生孩子？生幾個？我誠實作答，「沒有很想生。」珮珊立刻斬釘截鐵地說，「沒孩子，家庭就不完整，也就沒有結婚的必要。」為了盡快騙婚成功，我勉強同意，她竟然想加碼生四個，我聽到快昏過去，最後經過一番拉扯，決定兩個寶寶恰恰好。

不過有個但書，只要老二生下來健康無虞，我就立刻結紮，以免後患無窮。當下我們兩人達成共識，賀成交！我一月當新郎，同年十二月就當爸爸，再隔十四個月，老二也落地，新聞人快、狠、準！當了二寶爸，我更加確定，電影裡男主角大喊，「我要當爸爸了，我要當爸爸了！」應該是理解自己接下來的命運丕變，瘋了，才會用開心吶喊釋放心中的惶恐。

還記得親友川流不息來醫院看寶寶，我把女兒抱在懷裡展示，大家都誇讚好個慈父的模樣，其實我心虛又不安，眼睛看著襁褓中的女兒，心中上演好多小劇場。「從此，我要告別夜生活了？KTV歡唱、夜店微醺、兄弟派對……，這些曾經的熟悉都將離我遠去？沒了這些過往的熟悉，我還是我嗎？」我開始喃喃自語，「我當爸爸了，我當爸爸了……」

家裡多了個成員，沒時間讓你適應，狀況就來了。有天下班回家，進門後如往常將公事包丟地上，倒頭坐上沙發開電視，但不得了，竟然一屁股坐在女兒的臉上。珮珊當時把女兒包裹在包巾中放在沙發上，我完全沒留意，以為是個軟墊坐了上去，女兒嚎啕大哭，我嚇到臉色發白，深怕還軟軟的腦袋瓜被我坐歪了、鼻子被坐扁了，我難過自責並發誓，如果女兒以後鼻子不夠挺，我一定要負起全責「維修」到好，也意識到，從此以後任何一個舉動、想法、規劃，都必須對另一個生命負責，瞬間，我好像成熟了點，心中碎念著，「我當爸爸了，我當爸爸了……」

★潛移默化的心態轉變

頭一年，孩子跟小寵物沒兩樣，自由奔放的到處尿、流口水、啃家具……，對有潔癖的我來說，必須學習放下。以前木地板都每個星期打蠟，現在免了；以前餐桌必須亮晶晶，現在免了。心態的改變是在每天的日常中潛移默化，說不出緣由，但讓我心甘情願地接受這一切的轉變。我想最大的關鍵是，我感覺被需要了，女兒開始學走路，搖搖擺擺、跌跌撞撞、張開雙手走過來，我自然必須張開雙手等著接她。

她拉著我一起玩躲貓貓，我自然就鑽進了床底下；每晚期待聽床頭故事，我自然地躺上床編故事，即便常講到一半就自己先睡著，孩子們還是聽得津津有味，然後自然而然，我就愛上了這一切，原來，這就是當了爸爸，當了爸爸……

有一天，我跟孩子坐在沙發上，父子女三個人都翹著腳，一邊挖鼻孔一邊看電視，珮珊在旁邊看了快崩潰，但果然是當過記者的，珮珊立刻拿出手機拍照存證，揚言若亂彈鼻屎，照片將在孩子的婚禮公開播放。

當你發現，有個人不論相貌的樣子、說話的態度，舉手投足跟你越來越像，是件妙不可言的事，人說愛美是人的天性，這背後的含意是，每個人多少都有點自戀的成分，若自戀的人性是肯定的，那看到自己的復刻版，一定也是愛的。愛自己，你會吃好的、穿好的，盡量打理得光鮮亮麗，愛你的復刻版，你自然會想滿足他的需求，回過頭調整自己，原來這就是當了爸爸、當了爸爸……

★成為孩子奴的心甘情願

每個階段的孩子，對父親角色的需求不同，跟你告狀、要你接送、需要你肯定，需要你付錢，想跟你看電影、想跟你打球、想跟你訴苦，想跟你聊天……。來自單親家庭的我，成長過程應該也有這些需求，只是沒有父親在身邊，轉而朝其他面向獲得滿足。

從來，我不覺得自己是個會有父愛的人，但Sammi與Ethan小時候他們坐在我懷裡，一起吃冰棒、看卡通，長大後，跟我一起喝啤酒、看ＮＢＡ，滿足感、幸福感、讓我願意為他們做任何事。如果女兒追加一句，「爸爸，真喜歡跟你一起，謝謝你讓我們很有安全感。」那我應該會把銀行存摺跟圖章都準備好。

謝謝兩個孩子讓我學習並享受到父親這個角色所帶來的擔憂、憤怒、開心、驕傲……，這些情緒也讓我更能理解上帝的視角是如何愛祂的子女跟期盼。世事難料，生孩子原是珮珊的期待，竟也成了我的圓滿，我喜歡當爸爸，真心喜歡當了爸爸。

01

孩子是我人生最美的風景

當媽是選擇，不是義務

「到底該不該生小孩？」這個話題跨越世紀，永遠被熱搜討論、你我都徬徨過。但這樣的人生大哉問，永遠沒有標準答案。生小孩是一條不歸路，生了就回不去了（我也好幾次揚言想把小孩塞回去），但這也可能是你人生最美風景、最棒決定，沒有走過，無法體會，不可言喻。

這是個「不婚不生」的年代，而現今整體的社會氛圍有兩種情況：

第一種，不想結婚也不想生小孩。這是每個人自己的選擇，旁人無權過問也管不了，即便長輩頻頻催促。第二種是沒結婚對象，也生不出小孩。嗯，這個狀況是讓人根本無從選擇，即便父母心心念念地想要小孩。因此我這篇文章是寫給有想過結婚或已經結婚、可以生，但始終猶豫到底該生與不生的人參考。

★有了小孩的大轉變

主張不生小孩的人，有各種不同的原因。「生小孩就像羊群放屁，會助長全球暖化，只有不生或少生，才能拯救地球！」也有人覺得，「每天都活得心好累，為什麼還要製造小生命讓他們無辜受害呢？」更常聽到的是，「經濟壓力是最大阻力，現在是一人飽、全家飽，如果哪一天真有小孩，工作、職涯規劃都會面臨劇烈的挑戰，還有很多莫名其妙的職場偏見。」也有一些比較無厘頭、爆笑的享樂主義者則表示，「本寶寶還是個寶寶，怎麼可以生寶寶呢？」。

每個說法都有道理，都好寫實。我自己是二十七歲結婚，二十八歲結婚周年當天，這麼巧，女兒呱呱墜地。才剛剛生完坐完月子，重回主播台上班，喔，馬上又有了！記得當時還以為驗孕棒買到瑕疵品（永康還被同事嘲笑說他怎麼那麼禽獸，都不讓老婆休息）。

有了小孩之後，生活樣貌全變了天，無法悠哉跟閨蜜吃喝玩樂，無法隨意去歐洲旅行，因為會有一段時間，連我在上廁所，孩子都要跟著，一個站在廁所裡面守著大便、守著妳，另一個端著板凳在門外，不斷地問，「馬麻，好了沒？好了沒？到底好了沒？」別說歐洲，連蘆洲我都去不了。

有了孩子，我跟永康的職場規劃也有了徹底的改變。生產前，我們是坐在一起報新聞的雙主播；生產後，我們宣布拆夥，一個播晨間新聞，一個播夜間新聞，像月亮和太陽一樣輪流帶小孩，我們夫妻的共識：這個全天候二十四小時的重責大任，不能由保母或外傭代勞。

就這樣，我每天清晨三點起床工作，下午兩點以前趕回家和永康短暫地交接，午餐的碗盤才剛剛洗好、哄孩子睡午覺，我自己也補個眠，但馬上又要準備晚餐，還有迎接永康深夜下班的夜消。我的快手上菜好廚藝大概就是這樣一餐餐練出來的；我們也常常開玩笑說，會不會是因為我們夫妻見面時間很短暫，沒有時間吵架，感情才會特別好。

至於有些人因為生小孩所受到的職場偏見，我也曾經遭遇。懷第二胎的時候，有一天接到友台高層的一通神祕電話，對方表示非常欣賞我的播報風格，已經騰出一個重要的黃金時段，開出我當時薪水的三倍想挖角禮聘。結果當我們相約在一家五星級飯店餐廳關室密談、著手擬定合約，對方注意到我的小腹微微隆起、剛懷上第二胎後，就主觀認定我可能不符合他們原先的期待。例如接下來我會請安胎假、產假、育嬰假，可能無法像過去一樣用拚命三娘的精神跑新聞，最後挖角破局，沒有談成。

★難以言喻的甜蜜和美好

既然上述理由我都理解，為什麼我還堅持要生小孩？（永康當年向我求婚時，我跟他說我想生四個，他嚇到差點不敢把婚戒亮出來。）

如果你習慣把生小孩這件事用投資觀念來解釋，期待他們以後每個月給你多少孝養金、計算回報率，那我建議你不要生，因為這筆投資無法預知風險，而且中途無法撤資，把錢拿去投資有穩定報酬的商品說不定更好。再說，以前的社會是「養兒防老」，現在的社會是「養老防兒」。當你半死不活、有如風中殘燭地躺在床上，孩子互推皮球、忙著計算遺產、等你嚥氣，半生的心血換來這番風景，還不如一人孤獨終老來得乾脆。

跟天下所有的媽媽一樣，我的人生也曾經被這兩個寶寶搞得天翻地覆，他們蠶食鯨吞我的自由、我的資源、我的時間、磨損我的耐性、榨乾我的體力，為什麼我還是想要孩子？

因為我從小就特別喜歡小動物和小孩子，只要看他們一眼，就覺得全世界都歸位了，生命的誕生和傳承對我來說，是一件特別美好的事。還有一點，要特別感謝我兩個孩子：在懷孕的階段，我沒有發生過孕吐、沒有糖尿妊娠，全程舒舒服服，還在懷孕期間通過潛水執照考試，甚至沒練過拉梅茲，進產房只花了短短六分鐘，下腹憋了三口氣，寶寶就生出來了，大家都說我是天生的好孕（運）體質。

至於大家最擔心的經濟壓力，我們又是如何撐過呢？孩子剛出生時，嬰兒尿布、奶粉錢，其實都只是「零頭」，從幼稚園一路供應到他們出國念大學，學費的預備籌措才算得上是一筆「整數」，加上孩子的性別不同，很快的，我們最初二十五坪的小公寓不夠住，姊弟倆需要各自獨立的房間，我們決定向銀行貸款換屋。

為了還房貸，我們一輛摩托車騎了超過十年捨不得換，身為螢光幕前光鮮亮麗的女主播，我從來不把錢拿去敗包包、買名牌，此外，孩子上的是學區內的公立中小學，課後帶著孩子到圖書館吹免費的冷氣、借免費的玩具。永康更是努力積極開源節流，在學校兼課當講師，放假也不休息，全台走透透，主持活動、主持婚禮、到處演講接通告，想辦法賺外快，因為孩子，成為我們夫妻攜手打拚的最大動力，我們很快便贏得「省錢夫妻、搶錢夫妻」的稱號，感謝主，只用短短幾年的時間，我們就順利把銀行房貸結清，從此無債一身輕。

★永遠不悔的選擇和決定

我也曾經問過自己，如果有一天時光機真的發明了，我會不會回到二十七歲的那一年告誡自己，千萬別生小孩呢？再重來一次，我還是會選擇生。因為，懷裡的寶寶粉嫩嫩小臉蛋加上米其林棒棒腿，實在比世界上任何一種生物都可愛；因為，當在學校門口等待，有一個長得跟你很像的小人兒朝你飛奔過來。每個小孩都像是最頂尖的魔術師，前一秒他可能讓你怒不可遏、火山熔岩大爆發，但下一秒，他又有本事讓你笑中帶淚，萬年冰山都被他融化。

至於如何評估自己要不要生小孩？適不適合當爸媽？我覺得有個挺簡單的方法，只要問自己兩個問題：第一個問題，「你當父母會不會快樂？」第二個問題，「當你的小孩會不會快樂？」如果你的答案是肯定的，Happy Mom, Happy Family. 有小孩這件事，相信會是一種祝福。

我喜歡孩子，我有了一個小朋友，我可以陪著這個小朋友讓他變成我的大朋友，漸漸再變成我的老朋友。更深層的內心話，我得承認，在一個重男輕女、打是情罵是愛的家庭中長大的我，我想當媽媽其實也在證明自己，「我能成為比我媽媽還更好的媽媽（二．〇進階版的概念）」。在養育孩子的路上，屢屢讓我回想起「喔，原來我是這樣長大的」、「喔，原來當時我媽是這麼想的」，從中發現我和自己原生家庭的矛盾，一邊養育孩子，一邊修正自己，心甘情願經歷這些過程，會讓一個女人重新再活一次。

最後，還是提醒一下，無論生或不生，別衝動，用大腦而不是用你的本能來決定。

永康＆珮珊的心底話

- 當你發現，有個人不論相貌的樣子、說話的態度，舉手投足跟你越來越像，是件妙不可言的事。
- 如果你習慣把生小孩這件事用投資觀念來解釋，期待他們以後每個月給你多少孝養金、計算回報率，建議你不要生，因為這筆投資無法預知風險，而且中途無法撤資。

獨家報導

02

教育孩子責任大

養小孩不如養寵物？

02

教育孩子責任大

為孩子培養面對問題的勇氣

父母心臟要強大，成為孩子隨時需要的領航員

龍生龍、鳳生鳳，老鼠生的兒子會打洞，那兩個主播的孩子一定能言善道嗎？至少大部分的老師跟同學都這樣認為。兒子Ethan念小學時，學校舉辦校內即興演講比賽，兒子的班級利用班會時間推派參賽人選，老師、同學沒有異議立刻達成共識，不二人選就是Ethan，連他自己也覺得好像理所當然。

妙的是，整件事我們全家都不知情，直到比賽結束當晚，餐桌上發現Ethan怪怪的，因為平常放學他話最多，吃飯狼吞虎嚥，但那晚他細嚼慢嚥，鬱卒寫在臉上。

一問之下，Ethan才吐露實情說那天參加了即興演講比賽，現場抽了題目後有十分鐘準備，每個人的演講時間是五分鐘，但他上台後，小腦袋一片空白，總共只撐了三十七秒，這秒數還包括了問候評審、老師、同學、恍神和換氣，然後在眼淚奪眶而出前，他說了聲謝謝大家，就匆匆下台了。我、珮珊、姊姊，聽完Ethan的遭遇後放下筷子，沒有出言安慰，而是很不應該、很不道德、真的憋不住、三人很有默契的，同時拍手大笑。

★不一樣的個性適性發展

「哪裡跌倒，哪裡站起來」，向來是我們的家訓。隔年，Ethan自己默默的又去報名參賽，問他哪來的勇氣？當時才十一歲大的Ethan居然用老成的語調回說，「面子是要靠自己掙來的。」這句話讓我們另眼相看。

既然這回提前知道兒子想雪恥，主播爸媽就發揮專業拉一把，每天往返學校的路途上，三不五時出個題目，訓練Ethan的語言組織能力，收到題目立刻先想三個重點放在頭中尾，每個重點延伸放入相關的小故事、新聞，或經典名句，先有骨架再鋪陳有血有肉的內容。另外練習放慢語速、加強關鍵字的語氣音量，藉此增加聲音的表情。兩個星期的密集訓練，Ethan果然拿到不錯的名次，後來被挑去當學校朝會司儀，國中還代表畢業生致詞。

相較於弟弟Ethan的小心謹慎，Sammi的勇氣則是到了另一個難以形容的境界。國中有次學期末的成果展擴大辦理，家長也獲邀參加，為了這場年度盛會，各班級絞盡腦汁，搞得像嘉年華會一般。

Sammi的班導調查每位同學的才藝專長、規劃安排節目，才發現班上臥虎藏龍，一堆人會彈鋼琴、拉小提琴、吹長笛，有人寫了一手好書法、有人心算比計算機快，有人扯鈴拉得超厲害，至於Sammi小女子，無才便是德。

周遭不少優秀朋友把孩子的行程排滿檔，各種才藝班外加寒暑假營隊，十八般武藝樣樣俱全，我們也曾想過是否應該讓姊弟倆有個才藝在身，未來走跳江湖也有點本領。上國小的姊弟倆當時看演唱會上，電吉他手總是很陶醉、很酷，於是也想學電吉他，但如我的預期，上了兩個月熱度就過了。我跟珮珊小時候也學過幾年鋼琴，但對往後的人生有何影響？老實說，具體說不上來，好像可有可無，所以對孩子學才藝這件事，我們始終保持隨緣。

若孩子主動提出有興趣，我們就提供機會但不勉強，不過放假或閒暇時間，我們更熱衷全家到各地旅遊，凝聚感情增廣見聞。所以「無才便是德」雖然是自嘲，卻也是事實，但Sammi的生存能力才是讓我驚訝的。

跟同學相比，她確實沒有特殊才藝可在成果發表會上做出貢獻，但她看了老師安排的活動後，鼓起勇氣對老師自告奮勇地說，「發表會的表演都很精彩，但應該安排一位主持人，可以串場介紹每個表演，這樣可以讓現場家長立刻知道每個演出的內容跟負責的同學。」老師覺得這個主意不錯，Sammi也成功成為當天全班持有麥克風最久的一位。

★隨時做好應對的準備

姊弟倆轉眼半個大人了，聊起這些陳年往事，他們對於「勇氣」的由來，說法略有不同。Ethan說，爸媽姊都超有自信，在這個家庭裡他不能當異類，偶爾我們挖苦他，反而會更刺激他想接受挑戰，想跟我們一樣。至於另一個層次的Sammi則說，如果任務交給她，應該就是認為她是最適合的人選，既然如此，那就想辦法做到最好，若失敗就多試幾次，如果一直失敗，那可能是「別人」有問題。OMG！Sammi的境界可能是表面上謙卑地聽別人的建議，然後繼續奔放做自己。

面對挑戰的心態不是非黑即白，也沒有絕對的優劣對錯，新聞工作的時間壓力讓我跟珮珊習慣用直球對決面對問題，方法一行不通，就得立刻找方法二，總之一定有解決的方法，重點是有效率的在截稿前完工。這態度很自然地轉化成我們在教養上對孩子的要求。不怕遇到問題或失敗，但得立刻應對思考，如何變通找替代方案，不要拖、也不許拖。與其說姊弟倆勇氣十足，不如說，我們常容許他們有限度地犯錯跟嘗試，在尋找解決方案的過程中，勇氣跟自信就會自然顯露，要相信任務交給你，正因為你是最佳人選。

天不怕，地不怕，只怕孩子生病

收到聽力障礙診斷書的驚嚇

Ethan剛滿三歲，我對他講話，他會有一個習慣動作：瞇著水滴型的小眼睛、笑呵呵地回我，「蛤？什麼？」

一開始我心想，「小孩子嘛！可能正在看卡通看得太投入，沒專心聽媽媽講話。」我只好耐著性子，把剛剛的話再重複一次。直到有一天，我覺得情況越來越不對勁。他坐在客廳的地毯上、低頭玩著心愛的玩具，我拿著一瓶養樂多從他背後要給他，連續叫了三次都毫無反應，連應付式的「嗯」都沒有，我開始慌了。

★難以避免的自責和擔心

我急忙帶他去住家旁邊的小兒科診所，醫生拿出一支外型像耳溫槍的「耳內顯微鏡」，左耳看看、右耳瞧瞧，眉頭一皺說，「岑太太，小孩子聽力異常有兩種可能性。第一，他可能現在有中耳炎，雖然沒顯現出一般典型中耳炎會有耳朵痛、發燒等症狀，但耳中的鼓室發炎，聲音受阻礙，患者會短暫聽不到，這種狀況用點抗生素就能改善。第二種可能……」他搖搖頭用著比剛剛沉重的語氣說，「我懷疑是先天性的耳咽管堵塞。他的中耳積水了，就有點像家裡的水管不通，久而久之堵住，影響到聽力。」醫生初步的診斷如雷貫耳，震驚的我感覺到面紅耳赤、耳熱眼花。

為了確認，幾天後，我們預約台安醫院小兒耳鼻喉科薛如茵醫師做更詳細的檢查。很遺憾，兒子的問題正是後者：上帝忘記幫他開啟音量模式，出生的時候就已經先天性耳咽管閉鎖了。醫生帶兒子進入一個像是錄音室的小房間，拿出各種會發出聲音的器材：「咚咚咚」、「鏘鏘鏘」、「叮叮叮」、「嗶嗶嗶」、「叩叩叩」，觀察他的反應，然後再拿出一個全罩式的耳機戴在他可愛的小臉蛋上，用更精密的儀器測試紀錄聲波。正常人的聽力會畫出波動曲線，但此時機器畫出來的線條竟然是毫無起伏、近乎水平的一直線。從頭到尾站在診療室外焦急等待的我，發出來的聲音是「嗚嗚嗚」。醫生在診斷書上寫下「聽力障礙」四個字，我的眼淚再也忍不住，撲簌而下。

我開始責怪自己。是不是因為太忙碌、太大意、太疏忽，沒有及早發現這個問題？寶寶剛剛出生不是都有新生兒健康檢查嗎？怎麼會漏掉聽力這一項呢？三歲正是黃金學齡期，要是耳朵聽不見，可能會造成學習遲緩，講話像含著一顆滷蛋。我的腦海裡開始浮現他耳朵後面掛著大大的助聽器去上學，一群小朋友圍繞著他指指點點、對他好奇的畫面，心如刀割。

薛醫生溫柔地安慰我，「我們做個顯微手術看能不能解決。在孩子兩邊的耳膜上鑽個小孔，放一條很細很細的管子進去，先把積水排出、再協助通氣，只要耳管持續暢通，就有機會聽到聲音。」或許是看到我自責的愁容，醫生又補了一句，「這種情況不算太罕見，許多先天性鼻竇炎的患者，後來也都合併出現聽力上的問題，也有少數幼兒時期發病影響到聽力，但隨著日後發育，不用手術就自然痊癒的例子。」

聽了醫師的建議，我們預約了兩個星期後的手術。兩個星期後，當手術室的燈熄滅，醫師微笑地走出來跟我說，「岑太太，恭喜，兒子的手術很成功，中耳積液清理乾淨，人工耳管也已經裝好了。記得，一個小時內不能進食，洗完澡要特別保持耳朵的乾燥、避免發炎，現在他才三歲，可能要等晚一點再讓他學游泳。」

等待兒子麻藥退去的過程，雖然只有短暫幾分鐘，但對我而言，每一秒都煎熬。兒子終於醒來，我輕聲問他，「寶貝，耳朵會不會痛痛？」顯然他可以清楚聽見我的聲音了，他噘起小嘴、整張臉皺成一團放聲大哭！

我一陣鼻酸，心疼地把他擁入懷裡，輕拍他、對他說，「你放心，醫生阿姨很厲害，她已經把你的耳朵修好了，我們馬上就回家看你最喜歡的海綿寶寶。」我那時終於明白，為什麼他這麼喜歡海綿寶寶了，因為海綿寶寶是所有卡通人物中，最聒噪、講話最大聲、最吵的一個！

★化險為夷過一關

Ethan幼年的手術非常成功，他不再有聽力障礙的問題，小學開始參加泳隊成為水中蛟龍，參加飛行學校的甄選，聽力項目也順利過關。至於講話很快、像含著一顆滷蛋，我想那是他爸爸的遺傳。

「貝多芬的聽力有問題，所以大家都告訴他，你不可能成為一位音樂家。幸好，他沒有聽進去。」這是兒子跟我分享的笑話。從事媒體工作這麼多年，採訪過無數罕病兒童、慢飛天使，直到當下才能真切體會，家有身障兒的父母是什麼感覺。

當還不確定孩子的聽力是否能正常恢復，也沒有時間悲傷，我當時立刻轉念告訴自己，如果這是先天就存在的小瑕疵，就讓我盡後天最大的努力彌補兒子。上帝讓他成為我的孩子，一定有其美意。我是字正腔圓的新聞主播，最重視抑揚頓挫，最知道如何發音、如何咬字，我會拿出最大的耐心，以後不論同樣的言語必須對他說多少次，他才能聽得清楚，我都會一遍又一遍、不厭其煩地對他說。而且必須慢慢地說，同時也要學習放慢我對孩子的期待。平安健康就是福！

後來我才知道當年兒子出生的時候，新生兒健康檢查尚未包含聽力這一項（非強制，需自費），而我們也不知道這項檢查的重要性。不過從二〇一二年起，新生兒聽力篩檢由特約醫療機構執行，檢查費用由政府負擔、每案補助七百元台幣，但家長要自行預約，所以愛護寶寶的家長們，千萬要記得預約。

永康＆珮珊的心底話

- 周遭不少優秀朋友把孩子的行程排滿檔，各種才藝班外加寒暑假營隊，我們也曾想過是否應該讓姊弟倆有個才藝在身，未來走跳江湖也有點本領。若孩子主動提出有興趣，我們就提供機會但不勉強，不過放假或閒暇時間，我們更熱衷全家各地旅遊，凝聚感情增廣見聞。
- 與其說姊弟倆勇氣十足，不如說，我們常容許他們有限度地犯錯跟嘗試，在尋找解決方案的過程中，勇氣跟自信就會自然顯露。
- 醫生在診斷書上寫下四個字「聽力障礙」，我的眼淚再也忍不住，撲簌而下。我的腦海裡開始浮現他耳朵後面掛著大大的助聽器去上學，一群小朋友圍繞著他指指點點、對他好奇的畫面，心如刀割。
- 從事媒體工作這麼多年，採訪過無數罕病兒童、慢飛天使，直到當下才能真切體會，家有身障兒的父母是什麼感覺。我當時立刻轉念告訴自己，如果這是先天就存在的小瑕疵，就讓我盡後天最大的努力彌補兒子。

獨家報導

03

父母的心頭肉

更要鬆手自由飛？

牽手放手真的不簡單

對孩子要放手，對老伴要牽手

「放手」，簡單兩個字，卻是不簡單的愛。因為揪心，所以深刻，所以難以忘懷。

曾經，大手牽著小手，逛街、過馬路、遛公園，孩子的手總是緊緊地牽著爸媽，只要牽著爸媽的手，就是安全的，什麼都不用怕，不用擔憂。但時候到了，就算可能遇到危險，就算再捨不得，爸媽也要學習放手，不能阻擋了孩子的成長。不容易，但必須。

★指導方向卻尊重選擇

女兒小時候有輛四輪腳踏車，常帶著她到河濱公園騎車，轉個兩圈放電好睡覺，慢慢腿長了，坐上椅子腳可以踩到地，於是決定把兩個輔助輪拆掉，我扶著女兒的肩膀和腳踏車手把，跟著她騎了一大段路後，放手，順利維持了五秒，剛好遇到一個下坡，一邊握手把，一邊要剎車，女兒重心不穩，摔了、哭了五秒，再上車繼續騎，我在後頭看著女兒小小的個頭，努力的踩啊踩，竟然就一路從公館的堤外便道騎到了新店。放手，我欣慰。

上了國中，學校雖沒有硬性規定一定要上第八節，但老師暗示，期待全班都出席第八節，比較方便安排課程進度跟複習，但青春期的兒子、女兒很容易餓，下午三、四點就開始想珮珊的晚餐了，希望早點回家吃飯休息。

既然孩子提案，我們就召集家庭會議、認真討論利弊得失。「缺席第八節，不擔心跟不上進度嗎？不怕成為老師眼中的麻煩人物？不跟同學一起放學，不會成為邊緣人嗎？」孩子必須先提出能說服我的理由。

原來，第八節大多在教室自修，不能上課或考試，對課程進度沒影響，再來，孩子自認跟同學感情融洽，沒有邊緣的疑慮，雖不能左右老師的觀感，但孩子承諾會用成績表現讓老師沒毛病可挑。聽起來都蠻合理的，我跟珮珊反覆思考，決定放手，尊重孩子的決定，甚至協助尋找相關規定，委婉向老師溝通立場。

根據教育部「國民中小學教學正常化實施要點」規定，第八節屬於課後輔導，應以自由參加為原則，內容以複習為主，不得上課或考試，若學校遵照教育部規定辦理，理論上就不會有影響課程進度的疑慮。

另外，我們家住比較偏遠，往返需要比較長的車程時間，在不影響班級運作的情況下，盼老師諒解我們選擇不上第八節，溝通過程沒有針鋒相對，而是態度謙卑但立場明確。

兩個孩子在國中的課業表現雖非頂尖，但快樂學習、怡然自得，也沒給老師添過麻煩，姊弟倆還先後擔任畢業生致詞代表，孩子在台上講，我們在台下拍照錄影。這個放手，讓孩子感覺到被大人信任、被父母尊重，讓我感到驕傲。

★彼此學習的空巢期

場景轉到紐西蘭南島，最近一次的全家出遊，駕駛座換人了，姊弟倆考上駕照，開車帶著爸媽出遊很有成就感，長途旅行姊弟輪流開，我坐在不熟悉的副駕駛座，第一次從這個視角欣賞著孩子手握方向盤。

起初，心中還是不安，不斷叮嚀油門不要踩太猛，轉彎要提早打方向燈，換車道要確認後方車子距離……，我的手始終緊緊抓著窗邊上的手把，感覺一條老命交在孩子的手上，總要抓著點什麼才安全，但漸漸的，看著孩子熟練地設定google找路，保持穩健的速度行駛，我的手也慢慢地放開了手把。這一刻的放手，情緒有些複雜；開心的是，孩子終於獨立了，自己可掌握前進的方向，但同時卻也有些失落，因為孩子將奔向開闊的世界，不再依賴爸媽，第一次少了被孩子需要的感覺，這感覺需要時間消化。

這幾年最惆悵的地點就是機場，兩個孩子在海外求學，每次放假返台短暫相聚後，就得在機場送別，原以為多分離幾次就會習慣，但每次把孩子送上飛機，開車回台北的路上，心裡總是有點虛幻、空空的。

我逐漸體會到，放手對孩子是成長的機會，他們轉頭就開始探索新鮮的人、事、物，而對爸媽來說，放手也是學習，餐桌上少了兩雙筷子，珮珊要學習做菜減量，我不用接送上下課，車伕頓失乘客，如何安排多出來的時間？

空巢期的我們開始重新適應兩人世界，我愛衝浪，珮珊陪著沙灘上放空，我們開始培養新的共同樂趣，天氣好去近郊的步道走走、逛逛美術館、巷弄尋訪道地美食，遇到外縣市工作的邀約，就多留下來兩天小旅行，孩子成年後，給他們最好的禮物，就是爸媽把自己的健康顧好、日子過好，不要讓孩子操煩，放手打拚、享受人生。

對孩子放手是人生必經的過程，但有雙手千萬不能放，那就是另一半的手，牽著一起遊山玩水，一起慢慢變老，尤其逛街的時候要牽得特別緊，以免她迷失了自己。

03

父母的心頭肉

兒孫自有兒孫福

當孩子跟我們想像的不一樣

寶貝女兒Sammi生日，臉書、ＩＧ各種祝福簡訊通知總是閃爍不停、讓為娘的我深感欣慰，這表示她朋友很多、人緣不錯，以後進入職場應該不用太擔心她不夠社會化。但仔細一看這些琳瑯滿目的生日祝福。也反映了朋友對她的評價。很多人留言，「原來妳高冷的樣貌下，其實很鏘」、「腦洞大開」、「超ㄎㄧㄤder啦」、「sammi＝傻咪」、「要繼續耍廢、笨下去喔」等等。

「她到底是有多鏘？人家不是說虎母無犬女嗎？」我這

麼才華洋溢、面面俱到、膽大心細的媽媽，怎麼會生出一個在別人眼中很鏘的女兒？

★處變不驚的迷糊個性

細細回想，成長的路上，Sammi確實有很多地方跟我不一樣。

有一天傍晚我跟永康外出主持一場企業晚會，我要女兒自己用電子鍋蒸飯吃，等我們工作完回到家，傻眼了，電子鍋竟然被纏著一圈又一圈的膠帶、像木乃伊一樣，噴氣口還冒著熱騰騰的煙。我大驚失色地問，「這是誰幹的？為什麼需要用膠帶黏電子鍋？」

女兒笑笑地回應，「沒辦法啊，鍋蓋就是蓋不起來，卡不住啊！」原來是鍋子上方還有一個可拆洗式的內蓋，根本還躺在水槽裡沒安裝，少一個配件，鍋蓋當然蓋不起來。她大小姐連檢查都沒檢查，解決問題竟然是用最野蠻的方式，拿膠帶直接把電子鍋纏起來。那餐飯，白米中瀰漫著熱熔膠的氣息，也讓我深自檢討是不是平常廚房都由我一手包辦，才讓女兒對鍋具如此不熟悉、不擅長。

又有一次在紐西蘭，我陪著她去考駕照，我不斷催她出門，她大小姐還慢吞吞地化妝，讓我在旁邊枯等，母女倆還沒出門就吵了一架。好不容易到了考場，結果考生名單上竟然找不到她的名字，難道是記錯日期了嗎？我們立刻拿出手機、核對當初的報名資料，確實是今天沒有錯，怎麼會這樣呢？結果搞了半天，她小姐根本報錯考場。

我們應該要在A考場考試，為了熟悉路況，事先也請教練在A考場陪她練習了無數次，但她竟然報成B考場。眼見時間一分一秒的流逝，我們必須決定考還是不考？就算現在飛車趕去，時間來得及嗎？會不會錯過考試？

但另一方面更深層的考量是：從來沒有去過的B考場，她考得過嗎？路況不熟悉，會不會開錯路？紐西蘭的路考還要考高速公路，會不會很危險？……一連串的排列組合和小劇場在我心頭閃過。

不管了，不到最後關頭，絕對不能放棄。我唯一能做的，是忍住胸口的一把熊熊怒火，先不責備她，解決眼前的問題。上車，直奔她報錯的考場，好險，在「最後一分鐘」完成了報到手續，主考官是位外型酷似肯德基爺爺的老先生，也同意我們先爭取時間完成路考，等一下回來櫃台再把紙本資料填寫完成。終於，女兒開著我的車驚險地出發了，而我則在旁邊的咖啡廳等候，不斷默默為她禱告著。

★最傻也最甜的父母心

人生啊！總是充滿各種判斷和選擇，誰不是跌跌撞撞、在錯誤中學到教訓和成長？是不是我這個做媽媽太苛求、對孩子要求太高了呢？當孩子的表現跟我們期待得不一樣，除了著急、生氣、失望、氣她、氣自己之外，還有沒有什麼我們能做的，讓事情的發展更正向？禱告平靜下來之後，我立刻修正：降低標準，不要求她路考一定要一次考過，而是平安完整地回來我身邊就好。

哈利路亞！一個小時過後，她笑嘻嘻地朝我走來，手上搖晃著我的車鑰匙。她考過了！在陌生、從來沒有去過的B考場，一次就過了。我感謝主，更肯定我的女兒。別人口中的「鏘」，其實換句話說，不就是「淡定、大心、老神在在」嗎？「鏘」在現代的年輕用語或許是被球棒打到腦子壞了，但在古代可是玉石撞擊所發出清脆悅耳的聲音呢！同一件事情，單看你怎麼解讀，媽媽我要用最正面的解釋欣賞我親愛的孩子。

女兒，妳再怎麼鏘都沒關係，我可以等待。反正做媽媽的，最擅長的就是等待，不是嗎？

等待妳出生哇哇哭、等待妳第一次開口叫媽媽、等待妳第一次自己穿好鞋子上學、等待妳第一次上台領獎狀、等待妳第一次上班領薪水、等待妳披上白紗……，媽媽會一直等下去，等待妳跌跌撞撞後站起，修正一切錯誤，變得更圓融、完整，等待妳從很「鏘」的那個Sammi，變為一個會照顧自己，進而有能力照顧別人的人。

永康＆珮珊的心底話

✖「缺席第八節，不擔心跟不上進度嗎？不怕成為老師眼中的麻煩人物？不跟同學一起放學，不會成為邊緣人嗎？」孩子必須先提出能說服我的理由。我跟珮珊反覆思考，決定放手，尊重孩子的決定，甚至協助尋找相關規定，委婉向老師溝通立場。

✖兩個孩子在國中的課業表現雖非頂尖，但快樂學習、怡然自得，也沒給老師添過麻煩，姊弟倆還先後擔任畢業生致詞代表，孩子在台上講，我們在台下拍照錄影。這個放手，讓孩子感覺到被大人信任、被父母尊重，讓我感到驕傲。

✖我唯一能做的，是忍住胸口的一把熊熊怒火，先不責備她，解決眼前的問題。

✖除了著急、生氣、失望、氣她、氣自己之外，還有沒有什麼我們能做的，讓事情的發展更正向？

✖「鏘」，其實換句話說，不就是「淡定、大心、老神在在」嗎？同一件事情，單看你怎麼解讀，媽媽我要用最正面的解釋欣賞我親愛的孩子。女兒，妳再怎麼鏘都沒關係，我可以等待。

獨家報導

04

言教不如身教

你要讓孩子成長為什麼樣的人？

04

言教不如身教

「青出於藍更甚於藍」不是口號

讓我欣喜也驕傲的海王子

曾經，珮珊是我的最佳玩樂夥伴：交往第一天就牽手登七星山；懷孕三個月陪著我跳海潛水；生產前一晚，還買了一堆鹹酥雞回家追劇。不論上山下海，珮珊同行樂無窮，無人能取代。但後來出現一號人物Ethan，只要兒子有空，珮珊就可安心去納涼。

★從娃兒到百八的大孩子

「有其父，必有其子」，一句耳熟能詳的話，花了我近二十年細細體會。人在做，天有沒有在看我不知道，但很確定朝夕相處的兒子每天看，還邊看邊學，我打噴嚏，他也哈啾，我看中華隊出賽，他跟著喊加油。

兒子才剛學走路不久，我就幻想著有天跟他練丟接球，甚至一起去美國大聯盟朝聖，後來還真的如願去天使隊主場看神鱒（Mike Trout），所有爺兒們喜歡的事物，我都想跟他分享，跟女兒的相處不太一樣，父子倆的共同興趣，帶點競爭性更有味道。

國小的Ethan就是個娃兒，跟他打球、游泳，就像是花時間在「陪伴孩子」，但上了國中，局勢丕變，兒子的身高、體重像傑克的魔豆快速生長，到底誰陪誰？變得很難說。

有回梅花湖鐵人三項比賽。我號召親戚報了兩隊參加接力賽，海龍王我本人以及海王子Ethan，負責兩隊的第一棒游泳，由於兒子從未參加過開放水域的競賽，珮珊緊張得不斷叮嚀我，一定要全程顧好兒子。我轉頭也對著Ethan耳提面命，「剛下水，人多手雜，選手卡位無影腳亂踢，你得緊貼我右後方游，我會『擋無影腳兼破浪，不要怕。』」兒子調整蛙鏡點點頭。三、二、一，鳴槍，父子一起跳水，我頻頻回頭確保Ethan在視線範圍內，五分鐘過去，人不見了，天啊！

湖水茫茫、心頭慌慌，心急如焚的我硬著頭皮游到終點，上岸後立刻慚愧的跟珮珊說，「Ethan跟丟了，會不會棄賽先上岸了？」珮珊冷冷地回說，「兒子三分鐘前交棒，回休息區吃冰了，你有點慢耶！」我放下心中的大石頭，同時意識到鐵人爸爸的地位即將被撼動。

籃球是我們父子另一個共同的最愛，我介紹他九〇年代制霸天下的芝加哥公牛隊，他則細數一堆新世代名字很難念的球星給我認識。上了大學的Ethan身高近一百八十公分，足足比我高了半個頭，父子依舊三不五時鬥牛。

球場上，我見縫隙就溜進去上籃，然後被蓋火鍋，拚了老命卡位搶籃板，但兒子舉起雙手直接到了二樓。雖然身為爸爸，但我是完～全～沒～在～讓～的，全力以赴才代表對兒子實力的尊重。顯然，Ethan也相當尊重我的侵略性，有一回在籃下，他居然連續蓋了我三個火鍋，連續三個！真是〇〇××，幹得好！

★是朋友也是父子的親密

父子揮汗一起做一件事情，常讓我莫名地感動，Ethan的表現，達到了一位父親對兒子期望的總和，沒什麼好挑剔的，甚至比我同齡時更良善、謙和、正直、自律，怎麼養出這樣的兒子？

伙食的部分得問珮珊，記得 Ethan 有段國三歲月的消夜，竟然每晚一塊六盎司牛排。教養的路上，我總是扮演黑臉的嚴父，但面具下，有更多的心疼。

有回兒子的小手蜂窩性組織炎，醫生一度研判可能要斷掌截肢，我冷靜地辦理完住院手續回到地下停車場，獨自在車上爆哭了半個多小時沒停過。從此，我內心的脆弱慢慢也敢開口跟孩子訴說，「其實，爸爸也沒麼表面的堅強。」偶爾分享我的擔憂也讓孩子學習換位思考、更成熟。

至於如何培養積極跟自律？我建議投其所好，依照孩子的興趣，培養參加一個具有競爭性質的團體運動項目，同儕彼此間的鼓勵跟樂趣會讓運動的喜好堅持得更久一點，時間一久，效果就會出現，榮譽感會讓孩子更加主動自律。

兒子，我要你比我更強，老子被兒子蓋火鍋這一天是歷史的必然，情緒是驕傲、欣慰，還有一點點的惆悵。歲月不可逆，一個青春的燦爛躍起，意味著另一個年華的漸漸流逝，慶幸的是，你已長大，我還未老，世間最美不過。

操碎了心還不如放開心

一生不只一個選擇，讓孩子成為多重潛能者

抓周（試兒），是華人社會預卜嬰兒前途的習俗，將各種物品擺放在一歲小寶寶面前任其抓取。這個傳統早在魏晉南北朝就已存在，「江南風俗，男用弓矢紙筆，女用刀尺針縷，並加飲食之物及珍寶服玩置之兒前，觀其發意所取，名之為試兒……」

當年，我抓的是筆，永康抓的是麥克風和旁邊的鈔票，多年後印證起來，令人莞爾一笑。

除了抓周，為人父母有什麼方式可以更細微的、提早觀察到孩子優於他人的強項和特質呢？

★讓孩子用雙眼觀察和感受

小的時候，爸爸在報社工作，那時電腦還不普及，我因為字體工整，爸爸擬好的草稿常委託我幫忙謄寫到稿紙上（那時的立可白超難用，一組兩罐，像指甲油一樣要用塗的，先用溶劑稍微稀釋一下，把錯字蓋掉，吹一吹，等乾了以後，再把正確的字重新寫上去），抄抄寫寫之間，不但認識大量新聞詞彙，也順道磨練我的耐性。

有時報社要刊登工商廣告，攝影臨時找不到模特兒，爸爸也會內舉不避親，安排我粉墨登場，所以日後在電視台工作的我，面對鏡頭毫不懼怕，採訪撰稿信手拈來，都是因為很早就有機會和媒體這個領域展開「第一類接觸」。

有機會的話，我鼓勵所有家長「營造情境」，讓孩子進行職場探索，讓孩子用自己的眼睛去觀察。例如有一天我帶著兩本不同的存摺跟女兒說，「走吧，跟媽媽一起去存錢。」第一站，我們去郵局存錢，抽了號碼牌，跟人群一起排隊等待，櫃台旁陳列著硬幣組、郵票組、池上米、鳳梨醋等各式各樣的農特產品。

存完錢，我們又到另一間商業銀行存第二筆。這次一進門，就有警衛熱心地協助我們抽號碼牌，一樣要等待，但我們坐在沙發區，旁邊有報紙、雜誌可以看，也有飲水機讓顧客自由取用，櫃台陳列的商品則是各種金融卡的簡介和辦理信用卡送的贈品。

回家後我問女兒，「我們今天跑了兩個地方，妳有沒有看到什麼不同？」女兒立刻回答，「銀行的小姊姊制服好合身、好漂亮。」我接著問，「然後呢（並在心裡想著這孩子果然是外貌協會）？」女兒再想一想，「我覺得銀行的空間裝潢比較新，冷氣吹起來比較舒服。還有雖然客人都很多，但銀行很安靜、郵局比較吵。」、「媽媽，我剛剛還有看到銀行後面有一間間的包廂，好像是留給VIP專用的，理財專員的薪水比櫃台高吧？」

親自帶孩子走一趟，表面上看似一樣的工作，年幼的孩子依舊可以分辨出它們的不同。當然，爸媽也得適時為孩子分析補充，「銀行金融看起來雖然光鮮亮麗，美美地坐櫃台吹冷氣，但早八到晚八的生活很忙碌，還要承受背業績的壓力。郵局上下班相對準時，又有國家財政在背後支撐，薪資、獎金、福利都穩定，算是金融界的公務員。」這兩個很類似的職場如何取捨沒有好壞，就看每個人的個性以及對生活方式不同的選擇。

當年我們也常帶孩子造訪一間以職業體驗為訴求的遊樂場，在玩樂中找尋自己的志向。讓孩子穿上圍裙窯烤PIZZA，讓他們知道麵糰也有軟硬筋道；戴上頭盔、套上氧氣面罩、跳上消防車，體驗火神的眼淚；或者進入醫院的育嬰房，幫小娃娃洗澡、餵奶、換尿布，感受護理人員的辛勞。

★讓孩子學會傾聽並學習

朋友聚會的時候，我們容許孩子在旁邊聽大人聊天。Paul叔叔是台灣知名管絃樂團的指揮，他總愛開玩笑說，「我小時候家裡很窮，媽媽買不起鋼琴，也負擔不起小提琴的費用，她只能給我一支筷子，然後我就變成指揮了，哈哈哈！」

Josh阿伯在航空公司當機長，翱翔天際、遊覽世界各地，他透露正機長的月薪三十萬起跳，每年還給四十萬的旅費津貼，顧及飛航安全，每個月最多只准上班十五天，配偶或直系家屬出國可享免費機票。從此以後，兒子開始以飛行員當作夢想職業。

每年元旦，一月一號、一年的初始，我們一家四口會很有「儀式感」地寫下今年要達成的願望清單。從「減重三公斤」、「戒掉咬指甲的壞毛病」這麼小的心願，到

「雅思英文檢定」、「學衝浪」、「高空跳傘」、「開無動力帆船」、「考潛水執照」等，包山包海通通都有，目的是告訴孩子，有夢想你得也要有計畫，立下時間表努力去完成。我必須很驕傲地說，年底期末驗收的時候，這些願望我們通通做到了。

我們夫妻倆也會在主持大型活動的時候，特意把孩子帶到後台，讓他們看看，不論是多大牌的歌手，演唱前都要提前到現場對Key、試音、走位、測試燈光，不論是多厲害的主持人，都會反覆地檢視背誦手卡、Rundown程序表，不疏漏任何一個環節。你們眼中的夢幻職業或明星偶像，都有不為人知、暗地努力的歷程。

★未來的世界屬於孩子的

很多孩子大學畢業，還是不知道自己未來要做些什麼，家長操心到頭髮都白了，擔心孩子會賴在家裡成為啃老族。我們應該多給這些年輕人一點時間，讓他們去闖闖、去摸索，因為人的一生絕對不只一個選擇，只要孩子擁有跨領域的思維、有效的學習，加上還不錯的適應力，就可能成為職場上的「多重潛能者」。

更何況很多未來的職業，到現在都還沒有被發明出來。以前我們說主播，是指在電視螢幕裡報新聞的人，現在說主播，很多人立刻想到網紅直播主；以前，我們旅遊只知道住飯店Hotel，現在多了Airbnb的新選擇，飯店餐飲管理業紛紛轉型；現在你認真地學寫程式，好不容易學成了，搞不好又被AI取代，金城武是怎麼說的，「世界越快，心則慢！」

別太常問孩子長大以後想要做什麼職業？反而應該引導他們，「你長大以後想要成為什麼樣的人？」

別讓大人的期待，限制了孩子的無限可能。

永康＆珮珊的心底話

✖ 兒子才剛學走路不久，我就幻想著有天跟他練丟接球，甚至一起去美國大聯盟朝聖；所有爺兒們喜歡的事物，我都想跟他分享，跟女兒的相處不太一樣，父子倆的共同興趣，帶點競爭性更有味道。

✖ 父子揮汗一起做一件事情，常讓我莫名地感動，依照孩子的興趣，培養參加一個具有競爭性質的團體運動項目，同儕彼此間的鼓勵跟樂趣會讓運動的喜好堅持得更久一點，時間一久，效果就會出現，榮譽感會讓孩子更加主動自律。

✖ 我們應該多給年輕人一點時間，讓他們去闖闖、去摸索，因為人的一生絕對不只一個選擇，只要孩子擁有跨領域的思維、有效地學習，加上還不錯的適應力，就可能成為職場上的「多重潛能者」。

✖ 別太常問孩子長大以後想要做什麼職業？反而應該引導他們，「你長大以後想要成為什麼樣的人？」

獨家報導

05

課業停看聽

到底如何選擇才能把錢花在刀口上？

05

課業停看聽

參加遊學團
千萬別只遊不學

完整收集資訊
才能獲得最大效益

有一年，兩個念國中的孩子放暑假，我們全家到美國西雅圖拜訪親戚，順道開車越過美加邊境到美麗的城市溫哥華遊玩，當然不能錯過網美拍照勝地史丹利公園（Stanley Park）。走著走著，背後有人用中文交談，聽口音應該是台灣人，回頭一看，居然是女兒的同班同學，還不只一個。

上個星期還在學校見面，今天居然在太平洋的另一端公園巧遇，這樣也算是他鄉遇故知了吧！幾位小女生興奮地嘰嘰喳喳聊了起來。原來林小妹報名了溫哥華遊學團，閨密王小妹回家跟媽媽說也想參加，後來死黨陳小妹說，三姊妹缺一不可，於是好命的姊妹淘就開開心心地一起上了飛機。

我在旁一邊側耳傾聽，一邊在想，為何週間的大白天不用上課、跑來逛公園？原來不遠處的樹蔭下，一位正在滑手機的老外是他們老師，今天是戶外教學，遊覽風景、體驗風俗民情也是遊學的一環，但我看到的景象是，幾位台灣小姑娘自己逛公園、互相拍美照，全程講中文，爸媽的錢是否花得有點冤枉啊？

★看師資更要看周遭環境

留學的熱門地點，英、美、加、紐、澳、日，每個國家的社會治安文化民情各有優劣，若打算未來送孩子出國念書，適合哪個國家？未來職場在哪？許多疑問應該提早做功課找答案，若經濟許可，利用寒暑假遊學是不錯的方法，爸媽如果可以排出幾天假期，陪著到當地實際感受一下更好。

趁孩子上課的時候，逛逛超市賣場，看物價能負擔嗎？挑幾間餐廳品嘗，口味習慣嗎？大街上走走，觀察民眾友善嗎？有沒有人扶老太太過馬路？流浪漢多嗎？治安需要擔憂？有時候，理想很豐滿，現實很骨感。比方有些全球知名學府根本沒校園，只有幾棟看起來像辦公室的大樓，有些學校周邊環境很糟，感覺隨時有人盯著你的包包，這些細微的觀察不會出現在學校簡介，親自走一趟，絕對會有些新想法出現，海外投資房地產，你可能都希望實際勘查建案周遭，孩子未來念書的居住環境，應該看成更重要的投資決定，值得親自跑一趟。

市場上的遊學團五花八門，費用、品質參差不齊，貨比三家不吃虧，多方打聽口碑是必要的，課程內容設計更決定了孩子是去旅遊多？還是學習多？

部分標榜在歐美名校上課的遊學團，確實是在名校上課，但只是跟當地旅行業者配合，利用寒暑假期間跟校方租借教室，再招募短期教師幫海外國際學生上語言課程，所以洽詢遊學團時，除了釐清費用涵蓋的範圍外，更必須確認：

1. 師資來源、師生比例？
2. 課程規劃單位？
3. 每日作息課表？
4. 語言課程是否有結業證書？頒發的單位又是哪裡？
5. 其他同班同學來自何處？

6. 是住宿舍或接待家庭？

★孩子的適應力大於你的意料之外

二〇〇七年我們曾全家去紐西蘭Long Stay一年，很早就預備孩子將重返當地念大學，為了讓他們對當地保有熟悉感，除了每隔幾年舊地重遊外，在孩子小學升國中的暑假，他們參加了紐西蘭的遊學課程，跟一般的遊學團專注在語言進修不同，他們是到當地的國中短期就讀。

海外來的國際學生不會集中在同一個班，而是打散到不同班級，跟當地的學生混合在一起分班，上同樣的課程，紐西蘭國中的歷史地理、數學科學，Sammi與Ethan跟著一起上。

那年夏天，孩子去遊學、爸媽也跟去旅遊，當時我們借住在朋友家，孩子則是被安排住在老外的寄宿家庭。功課是否能跟上完全不是重點，我們陪去是想觀察姊弟倆融入陌生環境的能力，雖然他們的英文有點基礎，但第一次上全英語的課程又寄人籬下，我們原本有一點擔心，怕他們適應不良、怕他們想爸媽、怕他們吃不飽……，但真的多慮了，第一個週末，那兩個沒血、沒眼屎的小子，竟然想跟寄宿家庭的Home爸、Home媽、Home弟、Home妹去野餐，叫我們不用去接他們，姊弟倆還說每天都很期待上學交新朋友。

這趟遊學體驗結束後，發現姊弟倆瞬間成長不少，對於探索新事物有更多主動的好奇跟熱情，這也更堅定了我們的信念：成長的過程，父母若提供足夠的安全感，要求孩子自律培養品德，同時給予正確的方向指引，他們就像塊海綿，吸收新知、適應環境的能力，遠超過大人的想像。

就如《聖經》說的，「種子握在手中無法發芽，但撒在地裡，主必降雨在其上，並使地所出的糧肥美豐盛」，生命會自己找到出口。隔沒幾年上高中，他們姊弟倆更獨立，已經可獨自搭國際航班趴趴走了。

05

課業停看聽

好學校的定義不該是公立或私立

從孩子的特質找出答案

孩子的成長階段，很多家長都會碰到一個難題，「要上學了，該選公立還是私立？」早在永康跟我求婚前，我們對於未來孩子都念公立學校的想法就已經有共識，因為念公立學校的好處就是早點放學，讓我們有多一點跟孩子談心相處的時間。

然而，我們兩個孩子人生第一次上學的初體驗是在紐西蘭，而奇異果王國的奇異教育讓我這個台灣媽媽很震撼。

★價值觀不同選擇也不同

記得有一天，Ethan得意洋洋地帶著在幼兒園完成的作品回家，那是一根木頭，上面釘滿釘子，乍看之下有點像是狼牙棒，但仔細瞧，那些不整齊、歪歪斜斜的釘子又有點像在「扎小人」。我問他，「這上面的釘子是你自己一根一根敲上去的嗎？」他開心地回答，「對啊，我很棒吧！」殊不知，這個作品看得為娘我五味雜陳。

孩子當時才三歲半，給他榔頭和釘子，這樣好嗎？如果在台灣，保證明天就上報，標題寫著「暴力幼兒園提供危險教材，三歲娃兒製造狼牙棒」的聳動標題。但紐西蘭的幼兒園特別喜歡讓孩子嘗試DIY木工，他們相信訓練孩子敲敲打打是最好的手眼協調。擅長木工的老師指導孩子為寵物蓋小木屋、鋸木板做拼圖，都是常有的事。你一定覺得好奇，難道老師都不怕孩子濺血受傷？紐西蘭的老師會用自信、堅定的微笑回答你，「白紙都會割傷手了，讓孩子受點小傷、流點眼淚，他們才能學會在未來如何保護自己。」

又有一天，我去接女兒放學，她很難過的跟我說，「媽媽，我今天拿糖果和餅乾要請同學吃，老師說不行，『No Sharing!』人家昨天餅乾烤好久，妳不是說愛要分享嗎？為什麼不行？」我也感到很狐疑，難道是怕小孩子搶食，破壞班上秩序？就像以前我們帶便當盒上學，最怕便當蓋一掀開的剎那，就有四面八方不知從哪兒冒出來的筷子戳過來打游擊。

後來向老師問清楚才知道，原來紐西蘭的過敏兒特別多，而且環境和體質使然，如果誤食含有堅果、蛋、乳製品的點心，輕則拉肚子、起疹子，嚴重的甚至會哮喘、休克，何況小小孩根本搞不清楚自己對哪些東西過敏，因此學校嚴格禁止年幼的孩子交換食物吃。

從這兩個小例子就可以了解，每個事情都有正反兩面，公立、私立也一樣，各有優劣，全看每個人的價值觀和選擇。

★從公立學校感受社會化

國小入學前夕，我們結束南半球的Long Stay，回台灣接受十二年義務教育。

公立學校雖然制服可能比較醜、老師平均年齡或許也比較高，但學校離家近，可以讓孩子多睡一會兒，這也是婚前我和永康共同的想法。我最期待每天放學，在門口等著迎接他們的時光，兩個小傢伙一跳上車，小臉蛋油膩膩、熱烘烘的，一邊啃著我為他們預備的點心，彷彿人間美味，同時兩張小嘴嘰嘰喳喳、搶著跟我分享學校生活的點滴。「媽，我跟你講，今天營養午餐喝玉米湯，我連喝三碗」、「媽，張××說他喜歡吳××，可是吳××今天居然寫情書給學長」、「媽，我們禮拜天聚餐是幾點？我下午想要跟同學去打戰鬥陀螺」

公立學校學費低、入學門檻也低，成員來自五湖四海、五花八門，有本地生、外籍生、新住民、身障學童，這就是一個「小社會」，讓孩子在年紀還小的時候，就能認識社會上有這麼多形形色色的人、這麼多和自己不太一樣的家庭，可以提高他們的判斷力和適應力。

例如在女兒班上，有一位同學是特殊兒童，連續幾年，班上不管怎麼換座位，女兒都一定坐在這位同學的旁邊，我常覺得怎麼這麼有緣？後來才知道，原來是女兒對這位同學特別包容，常常主動幫他抄寫聯絡簿。下課十分鐘，她也願意犧牲遊戲時間護送這位同學去上特教課，老師覺得有女兒在，會讓這孩子在學校有安全感，所以每次都特別安排女兒坐在他的旁邊。知道這個原因後，我也覺得非常欣慰。

國小畢業後、升國中前，由於我們居住的學區內有兩所學校可供選擇，我們很慎重地帶著孩子分別去兩所國中參觀感受。首先是一所歷史悠久、有著高升學率的學校，警衛很嚴格，問了我們很多問題才放行。

果然一踏進校門，風聲、蟬聲、讀書聲，聲聲入耳，佈告欄張貼著滿滿的升學榜單，但孩子的表情沒有太多笑容。校園很安靜，操場不大、運動設施不多，校舍稍嫌老舊。

第二間是一所當時成立不到十年的新國中，警衛熱心地幫我們換證件，一走進大門，映入眼簾的是全新PU跑道、佔地非常廣大的操場，孩子開心的在上體育課，教務處門口張貼的是社團簡介、音樂、美術、科展的資訊，一整個生氣勃勃，老師告訴我們，學校有溫水游泳池，不用說，就是它了。

★公立私立的觀察和抉擇

我們選擇了公立學校，好處看來不少，但是因為教改，很多家長為了盡量不要讓孩子的學習受到政府政策左右，越來越多人想把孩子往私立學校送，到底私立學校除了學費高，又有哪些好處呢？

基本上，私立學校需要抽籤，有些熱門學校甚至需要考試加上面試，等於事先把家長的社經地位和孩子的程度都過濾一次。整體來說，私立學校的孩子素質比較平均，可以在孩子的求學階段結交到較多背景接近、有志一同的朋友。

例如就讀私校國際班的孩子，絕大部分都是要出國留學，學校在統籌師資以及課程安排上會比較方向一致。還有，大部分的私立學校都包辦了國中部和高中部，甚至一條龍，從幼稚園到大學都收，私校「直升」的制度頗受家長青睞，不用每隔三年就歷經一次煉獄般的考試，或許能讓孩子的青春痘少冒一點，也能讓親子之間的摩擦少一點。

要讓孩子住校嗎？送孩子住校是訓練他們自主獨立很重要的一步，一方面可以建立生活規範，紀律化的管理更可以建立良好的讀書習慣，也讓家長提前適應未來一定會面對的空巢期。但如果彼此在孩童時期沒有足夠深厚的感情作為基礎，住校（天高皇帝遠）加上正處於叛逆的青春期（老子管不到），孩子反而更容易和父母疏離，從住宿的環境回到原來的家庭後，父母在管教上也可能更加力不從心。

另外，有時讀公立學校不見得比私立學校便宜。這話怎麼說呢？因為許多爸媽無法親自接送孩子上下課，放學後要請人接送去安親班，安親班寫完功課後，再去補美語、補才藝，車資、課外費用林林總總加起來，還不如讓私立學校全部包辦，所有課程通通有，一輛校車送回家還比較划算。

分享了那麼多的可能性，還在公立、私立之間左右為難嗎？有人說，「公立學校的不良少年比較多，萬一交到壞朋友，一輩子後悔。」那我反問，「私立學校還不是一樣有許多不像話的富二代？」到底該如何選擇，我建議要把孩子本身的性格特質考慮進去。

如果你的孩子比較自動自發，早上會乖乖起床、不鬧起床氣，回家會自動寫功課或至少不抗拒，對每樣新的事物都充滿好奇心，渴望去嘗試、去學習；一個自律又有學習胃口的孩子，不管擺在公立、私立哪個環境都會很好。總歸我必須強調，沒有公立好還是私立好的問題，而是只要最適合你家、最適合孩子的學校就是好學校。

永康＆珮珊的心底話

- 每個國家的社會治安文化民情各有優劣，若打算未來送孩子出國念書，適合哪個國家？未來職場在哪？許多疑問應該提早做功課找答案。
- 市場上的遊學團五花八門，費用、品質參差不齊，貨比三家不吃虧，多方打聽口碑是必要的，課程內容設計更決定了孩子是去旅遊多？還是學習多？部分標榜在歐美名校上課的遊學團，確實是在名校上課，但只是跟當地旅行業者配合，利用寒暑假期間跟校方租借教室，再招募短期教師幫海外國際學生上語言課程。
- 成長的過程，父母若提供足夠的安全感，要求自律培養品德，同時給予正確的方向指引，他們就像塊海綿，吸收新知、適應環境的能力，遠超過大人的想像。
- 每個事情都有正反兩面，公立、私立也一樣，各有優劣，全看每個人的價值觀和選擇。
- 公立學校學費低、入學門檻也低，成員來自五湖四海、五花八門，有本地生、外籍生、新住民、身障學童，這就是一個「小社會」，讓孩子在年紀還小的時候，就能認識社會上有這麼多形形色色的人、這麼多和自己不太一樣的家庭，可以提高他們的判斷力和適應力。

獨家報導

06

不說不痛快

滿懷的愛意和關心
到底該不該說？

06

不說不痛快

想跟你喝一杯

小酒怡情，愛在微醺方更濃

屬虎的我從小不服輸，偏偏我有個虎媽，正所謂一山不容二虎，兩個嘴裡吐不出象牙的急性子生活在一個屋簷下，攻防戰自然天天精彩，但我們深愛並關心著彼此，只是用自己習慣的方式，而不是對方喜歡的方式；毛要順著梳，簡單的道理，卻花了我四十多年才慢慢掌握執行的眉角。

★漸入佳境的親子關係

老媽年輕結婚卻遭背叛，她一個單親媽媽獨力拉拔我和老弟兩個兒子長大，真心不容易。沒另一半商量的環境使然，母兼父職讓老媽個性變得剛毅，也成了我們孩童時期心中的武則天。

比方說，她問我們今晚想吃什麼？「牛肉麵還是蛋炒飯？」我們回答「牛肉麵」，她想了五秒，「那蛋炒飯好了，把昨晚冰箱的剩飯炒一炒。」那幹麼還要問我們？

又比方說，當年赴美求學，老媽不懂學校好壞，偷偷把我申請的學校名單給朋友看，然後面色凝重地對我說，「你真的行嗎？要不要申請幾家比較差的？」當下氣她對我沒信心，但她內心的白話文是，「你不錯喔，申請的學校都很好，但保險起見要有備案。」我們深愛著對方，但往往用負面表述、激將法、反向式的鼓勵。我們，需要喝一杯，才懂。

「愛你在心口難開」，這句話不僅描述了男女的情感，在那個保守、打罵教育盛行、五六年級生成長的年代，這句話拿來形容親子關係也很貼切。爸媽做牛做馬，自己省吃儉用，讓孩子吃好、穿好、用好，課後補習又學才藝，希望成龍成鳳出人頭地，爸媽用心良苦，孩子難道不能體會嗎？「愛你在心口難開」，以為你都懂，但其實不一定懂，愛不只要做，還要說出來。

我出社會當了記者，學會把話說得漂亮體面，各路形形色色的朋友都可以稱兄道弟，但回到家，卻對老媽說不出一句「我愛你」，因為我覺得「妳應該都懂的」。偶爾在外應酬，三杯黃湯下肚後，回家看到深夜等門的老媽，心裡很感動，嘴上卻說，「媽，幹嘛等我啦，這麼晚還不睡，辛苦了。」趁著酒精催化擠出幾句關心的話，沒有很甜，但已比平常大躍進。我內心更想說的大白話是，「媽，謝謝妳，我愛妳。」我們，需要喝一杯，才敢說。

日子不是白過的，歲月不是白活的，光陰累積了歲數跟臉皮的厚度，這幾年我更勇於表達情感、說肉麻話，跟老媽的關係如倒吃甘蔗。偶爾聚餐來一杯，情感奔放，福至心靈；把酒言歡，無話不說的愉悅共鳴。我期盼有朝一日，也能復刻在我跟孩子的身上，成為親子關係特殊的一段篇章，只是沒想到當孩子成年，兩個同一套劇本養大的孩子，對此道（喝一杯）的反應截然不同。

★想像與現實的差距

有天，跟兒子打完籃球滿頭大汗回到家，打開電視，湖人對上勇士，剛好打到精彩的第四節決勝期，父子倆決定違抗珮珊的命令先不洗澡，開了冰箱拿飲料配球賽。

我順手拿了兩瓶冰涼的啤酒，對我來說，冰啤酒是每次運動後的救贖，假日父子檔在家喝啤酒看NBA，這畫面從兒子出生那天就一直出現在我腦海，但兒子喝了一口，覺得啤酒像加了氣泡的藥水，難以下嚥，他重開冰箱換了可樂喝，至於紅白酒或威士忌，他戒心更重，鼻子一聞就放一邊。原來，很多事情跟你想的不一樣，女兒的表現也同樣出乎我意料。

我的小劇場當中關於愛運動、喝一杯，主角設定只有我跟兒子，珮珊跟女兒頂多是戲台下的觀眾，但其實女兒的天生資質足以擔綱女一！

有次家裡請客，所有賓客包括我們家兩個成年的孩子都倒了一點紅酒，這也算機會教育，認識酒標、產地、葡萄品種，席間學習餐桌禮儀、舉杯致意，我默默觀察，女兒也太厲害、太有禮儀了，好幾次先乾為敬。見狀，我貼近女兒的耳邊說，「今天請就此打住。」我打算擇一良辰吉時，父女相約對飲。

後來，我跟女兒說，「答應爸爸，第一次喝茫，一定要跟我喝喔。」這想法可能很多人嗤之以鼻，成何體統？其實，我的出發點很單純，誰沒年輕過？三五好友聚餐、小酌助興很正常，何況女兒個性爽朗、人緣好，又在國外求學，參加派對也是生活的一環，若每天在家讀書沒人約，我反而擔心她成為邊緣人。與其在外不小心喝掛，不如先在家跟爸爸喝，測測自己的酒量，以後若碰到有酒的場合，才知道何時節制踩剎車。

這邏輯有點像大禹治水，圍堵無效，不如疏通導引，禁止青春期的孩子去做某件事，可能反而助長了好奇心，不如在安全的環境下，父母陪著孩子體驗，用相對正確的價值觀引導、培養觀念。當然菸毒、違法、傷風敗俗的好奇，不在此列。

還記得那天，父女兩人對酌山花開，一杯一杯復一杯。幾回合下來，女兒不動如山，老爸竟有點飄。「女兒啊，外面的世界很亂，妳要學會保護自己啊！爸爸年輕時紅塵打滾看多了，十個男人九個壞，另外一個正在學壞的路上。要張大眼睛，別讓自己受傷啊！」帶著三分酒意，我語重心長、耳提面命。女兒回說，「爸請放心，受傷的可能是對方喔！」語畢，父女相視而笑。改變，從我們這一代開始，不再「愛你在心口難開」；「女兒，爸爸真的很愛妳！」一輪明月高掛，我們乾杯，不玩大冒險，只說真心話。

善用手機拉近彼此關係

阻止不了就一起找出好方法

這些場景你一定很熟悉。

一家人或一群朋友同桌吃飯，沒有聽到任何交談聲，因為大家都各自低著頭滑手機，有些人是真的在處理事情，但也有些人只是漫無目的地滑著、滑著，就算放下手機，也是每隔幾分鐘就像被制約一樣，再拿起來檢查一次。

走在馬路上，有個陌生人突然朝你走來對你說話，「他是誰？」令你狐疑。等你真正聽清楚才發現，原來他戴著藍芽耳機跟別人講電話，剛剛差點要回他話，真是尷尬。也有一種情形是，對方朝你直筆筆走來，幾乎都要相撞在一起，他只專注於滑手機，彷彿你是隱形的。

出門便當可以忘了、錢包可以不帶，老師、老闆交代的課本文件都無所謂，但如果是手機，就算需要花一個小時往返也絕對不會猶豫，沒帶手機那種渾身不自在，好像裸體沒穿衣服出門。

在孩子的求學階段，我們嚴格規定，「手機不能下載遊戲」。沒想到，有一天晚上我半夜起床上廁所，看到女兒房間的門縫隱隱約約透出著藍光，竟然被我抓到她躲在被子裡和同學連線對戰，已經不知道打到第幾關了。

「要死了，妳不知道夜間玩手機眼睛會瞎掉嗎？」我氣得立刻沒收手機。隔天她放學後，哭喪著臉跟我認錯討饒，「媽！可以換別的方式懲罰嗎？我感覺我少了一個器官，像斷了一隻手，沒有手機什麼事都做不了，好難過。」女兒真實的反應令我震撼，手機就像清朝的鴉片，蠶食著年輕人的熱情和靈魂，早上睜開眼第一件事就是找手機，晚上睡覺前最後一件事還是找手機，離開了手機，就等同「與、世、隔、絕」。

更有殺傷力的是，接著女兒抽抽噎噎地反問我，「大人還不是一樣，如果現在要你們都不用手機，你們做得到嗎？」頓時之間，我好像被魚刺卡住咽喉。

是的，我得先檢討自己。身為媒體人，我跟永康絕對是智慧型手機的「重度使用者」。以前上播報台On air前，得看完八份報紙。現在報社一家接一家熄燈走入歷史，紙本沒了，開始用手機瀏覽各大新聞網、看Live直播，主持節目需要聯絡名嘴來賓、YouTuber需要上字剪輯，手機萬能，全都可以在掌中完成。

★保持距離才能以策安全

手機的出現顛覆每個人的生活，上網課、開視訊會議、網購點餐、看盤、導航。客觀來說，手機其實沒有什麼不好，問題出在你把它看得太過重要又太好，控制不了它，就被它控制，在外也滑，在家也滑，一輩子行走的風景似乎都不如指尖移動的距離，不知不覺難免滑出許多夫妻和親子問題。

香噴噴的美食端上桌，叫人口水直流，可是我想跟粉絲分享這道食譜。「等一下」，每道餐點都要先拍照（手機要先吃），喬好各種角度，調整光線，拍到滿意才許大家動筷子。孩子雖然懂事，知道這是媽媽工作的一部分，卻也難免抱怨肚子好餓，到底還要等多久，怕菜都涼了。

結婚紀念日，精心安排的兩人小約會，想跟老公說說心底的話，但老公卻時不時要回個簡訊，或在朋友IG上刷愛心，把你具體的愛心行動都澆熄。你到底是跟我約會，還是跟手機約會？世界上最遙遠的距離就是我在你的面前，你卻還在低頭滑手機，手機已經變成破壞許多家庭的新小三。

如何察覺自己「手機成癮」？當你使用的時間越長，一旦手機沒有在身邊會焦慮煩躁、心不在焉，忽略其他生活事務或者自知有害，卻仍然一直尋找非用不可的藉口，就是手機成癮。我們跟孩子都要學會更有效率地運用和自制。

改善的第一步就是坦承自己有問題。手機很難戒斷，也不需要戒斷，只要能自我察覺，就有機會漸進式慢慢調整。你可以依照自己的作息去規範，例如從今天起，不再漫無目地隨意亂滑，只在午餐時間集中火力，看二十分鐘的社群網站。

接下來，你可以找一件當下更重要的事情填補滑手機的時間。例如最近健檢出現了紅字，突然驚覺健康第一，把浪費在手機上的時間拿去做瑜珈、健走，做做運動。逐步減少無意義的使用，慢慢減少被手機制約的時間。

第三步，你可以把社交軟體中的朋友名單去蕪存菁。很多人際關係其實可有可無，找個機會檢視一下，哪些人想要持續保持聯絡，哪些根本不知道對方真實身分，永遠只會給你表情貼圖，就趕快刪了。

最重要的一點就是，睡前要關機，或至少別把手機帶進臥室。相信我，這個小動作可以帶來更好的睡眠品質。如果你能把這個習慣影響到枕邊人，你們會有更多私密對話的機會和空間，真實互動的溫暖遠遠超越手機的冰冷。

★利用手機找些新鮮事

如果真的回不去了，既然手機不能「棄用」，那我們更要想辦法「善用」。例如，帶著手機進廚房，跟孩子一起照著手機裡面的影片，分蛋、打發鮮奶油、調麵糊，利用一整個下午烤個輕乳酪蛋糕。

有段時間我們和孩子分處南北半球，就是透過手機下載娛樂軟體，讓一家四口可以一起進虛擬的ＫＴＶ房歡唱，猜歌、玩遊戲，還可以給對方獻花、送星星獎勵。

看到有感動的好文，用手機傳給對方看，看完開個視訊，一起討論分享。之前曾經大流行的寶可夢也是一樣，由爸媽騎車、開車，找到可能出沒的定位地點，讓孩子負責抓寶，只要能一起「同心、同行、同樂」，都可能抓出親子之間的好感情。

在孩子學齡階段，自制力還不夠時，可以借助技術工具。例如YouTube分級影片須經家長同意、手機使用時間限制APP、教育部網路守護天使、Google Family Link設定下載權限、iPhone設定螢幕停用時間等。手機沒有問題，問題在我們的使用心態和時間管理。只要我們跟孩子都學會更有效率地運用和自制，手機不見得會成為親子間情感的殺手。

永康＆珮珊的心底話

- 「愛你在心口難開」，這句話不僅描述了男女的情感，在那個保守、打罵教育盛行、五六年級生成長的年代，這句話拿來形容親子關係也很貼切。以為你都懂，但其實不一定懂，愛不只要做，還要說出來。
- 禁止青春期的孩子去做某件事，可能反而助長了好奇心，不如在安全的環境下，父母陪著孩子體驗，用相對正確的價值觀引導、培養觀念。當然菸毒、違法、傷風敗俗的好奇，不在此列。
- 手機其實沒有什麼不好，問題出在你把它看得太過重要又太好，控制不了它，就被它控制。既然手機不能「棄用」，那我們更要想辦法「善用」。例如，帶著手機進廚房，跟孩子一起照著手機裡面的影片，分蛋、打發鮮奶油、調麵糊。

獨家報導

07

新聞人的敏感

寧可信其有不可信其無？

07

新聞人的敏感

非關風水卻有巧合！

從居家空間調整親子關係

有個場景你不會陌生，社會案件的嫌犯落網後，被警方上手銬帶回偵訊，家屬被通知趕到警局做筆錄，記者堵在分局的大門口，追問嫌犯平常是否出現異狀？有什麼可能的犯案動機？只見家屬一把鼻涕一把淚地說，「這孩子以前很乖，後來都是交了壞朋友才會誤入歧途。」真的如此嗎？千錯萬錯都是別人的錯，自己的孩子永遠是記憶中的溫良恭儉讓？

這個社會新聞如果夠大條，通常在警局門口採訪完畢後，我就會接到電視台長官的電話，要求再做一條嫌犯的人物報導，但人都被銬在警局了，怎麼做人物報導？這就得各憑本事了。

首先，「凡走過必留下痕跡，凡住過必留下鄰居」，先到嫌犯住家附近跟左鄰右舍打聽，若嫌犯家剛好有人在，立刻發揮三寸不爛之舌，請求許可進入屋內拍攝，「檢警以及被害人有指控的說法，嫌犯的故事跟家屬心聲也該有機會被聽到。」這合乎平衡報導的原則。

★改風水不如改空間

經年累月地進出這些社會新聞事件的家庭，我歸納發現一些室內空間的共通點；不是要怪力亂神，但不同家庭的長輩居然有著同樣的抱怨跟牢騷，這也太巧了！

打開大門，立刻看到的就是客廳，旁邊緊接著一個長廊，左右兩側是臥室，長廊的盡頭是廚房跟廁所，後頭還有個陽台曬衣服，訪談的過程，家屬大都會拿出嫌犯小時候的照片，要證明以前天真又可愛，但不知道何時開始，孩子回家就關進房間，跟家人幾乎沒互動，大人以為孩子在房間裡面讀書，不打擾、也沒察覺異狀，等到出事才恍然大悟，一定是交到了壞朋友。其實，從住家的室內格局動線不難想像家人們的平常相處：白天上班上課，晚上大人在前頭的客廳看電視，孩子在房間上網，要吃喝拉撒，出房門就往後頭走，到廚房開冰箱或上廁所，也不會走到前頭的客廳跟爸媽話家常。這類房子的格局，公共領域的空間動線讓大人跟孩子的交集少，就算有異狀也不易察覺。

居家空間的規劃最好能將公私領域明確分隔，公領域的客廳跟餐廳彼此相連，最好廁所也在餐廳旁邊，如此一來，孩子走出房間翻冰箱、上廁所，大人都可瞄一眼、聊兩句。至於私領域的臥室，盡量功能單純化。另外，整體空間的光源除了照明外，也有改善氛圍的效果，暖色系的黃燈泡就比冰冷的日光燈更能營造居家的溫度。

我們家在進行空間規劃時，首要考量就是要有一個一家人「一起做事」的地方，順著這個邏輯安排生活作息起居，早期住市區小公寓，餐桌就是我們家的核心，晚飯配新聞，接著寫功課，有菜香、有書香，有媽媽的笑聲、有爸爸的碎念聲，至於私領域的臥房，功能單純就是睡覺，孩子的房間內只有一張床、一個衣櫃，沒書桌、沒電腦，沒多餘的擺設。孩子要做任何事，都得到客餐廳，全家一起。

孩子上了國中，我們搬家到郊區，可利用的空間變大，但全家人要黏在一起做事的核心觀念沒變，只是從原本的餐桌，多出了一張額外的工作桌。

★藉空間創造家庭的核心價值

從小培養的默契跟習慣，每天晚餐後的七點到九點，早已經成了我們家有儀式感的共讀時光，一家四口在同一張桌子上打拚，爸媽拚事業，回客戶的E-mail處理公事，姊弟倆拚未來、寫作業。

如果今晚很有效率提早完成功課或公事，就來點不一樣的，一起玩桌遊、撲克牌，甚至打麻將。總之，九點前除了上廁所，四個人不能離開這張工作桌，每天這兩個小時，爸媽以身作則，不看電視、不滑手機，日積月累下來的親子共讀時數也很可觀，我們對姊弟倆的成績要求不算高，不會緊迫盯人，但閱讀的習慣養成後，孩子的表現雖非頂尖，也不可能太差。

老實說，兩個小時不能離開工作桌的規定，珮珊一度認為我有點強迫性人格，但回頭看，姊弟倆比同儕更有定性，不會像屁股長了刺坐不住，做事也比較能持之以恆，還得感謝爸爸的堅持。

姊弟倆在國三準備考高中那年，生活依舊規律，晚上十點倒頭就睡，他們的字典裡，沒有「熬夜苦讀」這四個字。姊弟倆長得頭好壯壯，除了珮珊伙食辦得好，青春期能睡到飽也是重要關鍵。

風水有道理嗎？見仁見智，但家庭核心的價值可透過居家空間的規劃落實，打造一個你們家庭的專屬親子共同空間，灌注陪伴的時間跟情感，讓全家在一天生活中的某個環節成為一種儀式跟習慣，每天無數次的眼神交流，孩子的喜怒哀樂跟轉變你不可能不知道！

07

新聞人的敏感

新聞報導中的機會教育

陌生人給的糖果不要吃，不要錢的往往最貴

有一次颱風天，我在氣象局駐守了兩天一夜，好不容易回家洗個澡，倒頭立刻睡死，迷迷糊糊醒來才發現：右手邊剛剛還跟我睡同一張床、就讀幼稚園中班的兒子Ethan不見了，只剩左手邊的女兒Sammi安然在夢鄉。

我起身進浴室去找，看看他是不是半夜起床尿尿？浴室是空蕩蕩的，沒有。那會在小房間玩嗎？我衝去遊戲間查看，積木整整齊齊地收在盒子裡，也沒有。

我開始緊張，一盞燈接著

一盞燈開、一扇門接一扇門找，這個家就這麼點大，怎麼可能兒子半夜不見了？再去查看大門的門鎖，該不會是夢遊還是調皮半夜跑出去玩？但門鎖絲毫沒有被打開的跡象，孩子平常穿的鞋子也都還在，眼睛瞄了一眼客廳的大掛鐘，時針指向現在是半夜兩點鐘。「完蛋了，孩子不見了！」這下子我脊椎發寒，身體不住地打哆嗦。

衝回主臥房，確認女兒還在，我真的不是在作夢，立刻再做第二遍更仔細的檢查，這次我戲劇化地打開所有的衣櫃、趴著搜索床底、餐桌底下、廚房櫥櫃，甚至是洗衣機的圓型視窗，如果再沒有兒子的足跡，我就要崩潰報警求助了。就在此時，我聽到微弱的歌聲，隱隱約約、斷斷續續的，我確定那是兒子的聲音沒錯，但是那聲音、那聲音竟然是從窗戶外面傳來的！

各位讀者，你不要以為我在寫鬼故事、以為這是什麼恐怖片的情節。我循著聲音、貼近窗戶才赫然發現，我的寶貝兒子竟然大半夜全身濕透，懸空蹲坐在公寓外牆冷氣壓縮機的上面。外頭正在刮颱風，風雨飄搖中唯一支撐他的只有幾根鏽蝕的鐵架。我急得眼淚飆出來問他，「你在這裡做什麼？」他傻楞楞地笑，用口齒不清的奶娃音對我說，「媽媽，外面好涼喔，我在吹風……」這種事情發生在為人母的身上，真的比恐怖片還恐怖，我至今回憶起這段往事，依舊全身起雞皮疙瘩。

又有一次，在台北市的大安森林公園，也差點上演我們跟孩子永別的戲碼。兩個孩子在公園附設的遊戲區玩，我和永康坐在遠處的長凳上躲太陽，女兒原本在溜滑梯，下一秒，就看到一名年近六十歲的婦人走近她、和她攀談，講了幾句話後，婦人搭起女兒的肩膀越聊越起勁，我跟永康猜想，「該不會遇到學校的老師還是同學的家長？應該是認識的人吧？」

但奇怪的是，這名婦人摟著女兒離開遊戲區，開始往森林公園的出口方向前進，女兒的表情也從一開始禮貌的微笑變得「很勉強」。永康察覺情況不對，立刻從公園的長凳上跳起來，兩三個箭步追過去。永康問女兒，「她是誰？」女兒搖搖頭、眼眶微濕、鼻頭紅通通，已經開始哭了。永康再問婦人，「妳要幹嘛？」她眼神飄忽，拔腿就跑。

事後才知道，原來剛剛勾著肩、看似兩人親暱熟稔的行為，其實是因為女兒被婦人用力的壓住，無法逃走，我們立刻報警也提醒自己，孩子的安全真的一刻都不能輕忽，有時只是低頭滑個手機處理一點事情，生命中最重要的人可能就消失不見。

這個發生在我們家的親身遭遇，也讓我回想起曾經震驚台灣社會的褚麗卿跨國販嬰集團。

民國七十幾年左右，許多小孩陸續失蹤，警方調查，除了少數是自行走失外、大部分都是遭人特意誘拐，年齡不約而同都集中在三、四歲，失蹤地點遍布北中南。父母焦急地用盡各種方法尋找，不論是在電線桿上貼傳單、採驗DNA比對無名屍，甚至超大牌港星劉德華都曾經接受公益團體的委託，上電視台幫忙協尋失蹤人口，當時台灣社會可說是人心惶惶。

這個案子後來是靠著民眾密報，才在一棟大廈內逮到主嫌：褚麗卿和林文鐘夫妻。原來他們是一個跨國人口集團，規模大到連婦產科醫生、助產士都被他們煽動，以一張五千到七千元不等的代價，替拐來的嬰孩偽造出生證明。褚麗卿夫妻先用四萬元台幣向歹徒收購嬰孩，轉手十萬元仲介給國外的養父母，當年那些被賣到國外的小孩，輾轉知道自己來自於台灣，想回來尋根卻苦無任何進展，何況國外的養父母也有說不出的苦：用心養育照料長大的孩子「你找回的、卻是我失去的」，「回家」這兩個字看似簡單，對某些家庭來說卻是無法承受之痛。

誘拐犯罪的手法千變萬化，我們家裡經常拿血淋淋的社會新聞和孩子討論、耳提面命趁機「機會教育」：

1 **可以幫我找小貓貓、小狗狗嗎？**養寵物的不一定是好人，寵物可能只是被利用的道具。

⬇孩子，媽媽告訴你，成人有能力找到他自己的寵物，真的不需要你幫忙。

2 **來，跟我來，送你遊戲點數喔。**震撼台灣社會的湯姆熊命案，曾姓兇嫌就以贈送遊戲卡，把十歲小男童誘騙進廁所用摺疊刀割喉。

⬇孩子，媽媽告訴你，免費的往往最貴。

3 **自稱星探。**高雄一名陳姓男子，多年來用星探、經紀人的名義吸引青少女，謊稱自己在劇組多年，專責幫忙敲通告，假借帶她們試鏡、應徵演員，藉機加以下藥、猥褻、性侵，如果不服，就以違約金的形式加以威脅，甚至有少女因此身心不堪負荷輕生。

⬇孩子，媽媽告訴你，初遇星探，「小姐，你好漂亮，一看就是明星樣。」許多人當下的反應一定內心竊喜。但孩子，會在路邊隨意攔人、不用經過正規海選的，多半是騙局。很多假星探會要求你先繳交一筆為數不少的培訓費，更甚者，會假借體態美儀訓練，對你上下其手。

4 **最近引發熱議的柬埔寨掏金詐騙案。**

⬇孩子，媽媽告訴你，如果免經驗、出國包吃包睡、月薪十萬元起跳，這麼不合邏輯的待遇，你都願意相信，那淪為豬仔只是剛剛好。天下不會掉下黃金，要先問自己憑哪一點本事可以領高薪？何況這一次是柬埔寨，下一次又會被騙去哪裡？

5 **帥哥、美眉，加個Line做個朋友。**台大醫學院林姓研究生利用假身分，在網路上誘拐未成年少女上傳不雅照，少女想逃脫他的魔爪，卻又被林男以散播裸照脅迫，警方破門在他電腦裡搜出海量猥褻照片，受害者高達八十二人，其中最年輕的只有八歲。

⬇孩子，媽媽告訴你，躲在鍵盤背後的人，通常不是你以為的人。那些侵犯和拐騙的，有可能是你認識的或你眼中具有權威性的人物，例如社團的哥哥、姊姊，例如老師，甚至是明星偶像利用自己的高人氣「選妃」。身體是屬於你自己的，你絕對有權力告訴對方，「我不喜歡你碰觸我的身體，請把手拿開。」並且，你絕對有權利不幫對方保守這個祕密，請勇敢告訴對方，「我不怕，我一定會讓家長知道。」

親愛的讀者，一下子讓你看這麼多案例，是不是步步驚心，覺得外面的世界好可怕？過去我們只單純地要求孩子「別跟陌生人講話」，不夠、不夠、遠遠不夠！只有提高孩子的安全意識，配合年齡培養不同程度的判斷力，加上與環境互動的經驗累積，才能幫助他們趨吉避凶，逢凶化吉。

永康＆珮珊的心底話

- 我們家在進行空間規劃時，首要考量就是要有一個一家人「一起做事」的地方，順著這個邏輯安排生活作息起居。
- 躲在鍵盤背後的人，通常不是你以為的人。那些侵犯和拐騙的，有可能是你認識的或你眼中具有權威性的人物。
- 提高孩子的安全意識，配合年齡培養不同程度的判斷力，加上與環境互動的經驗累積，才能幫助他們趨吉避凶，逢凶化吉。

獨家報導

08

存錢與花錢

如何培養孩子受用的金錢觀？

08

存錢與花錢

金錢觀念 從小培養

懂得花錢更要懂得存錢

鈔票對孩子來說，就是一張紙，但利用這張紙嘗到甜頭，他就瞬間知道這張紙可厲害了。

★從賺錢的辛苦 了解存錢的價值

早期旅居紐西蘭的日子，社區的路口有家麵包店，每次路過，孩子都會對著櫥窗裡的甜甜圈流口水，放學的時候，偶爾進去買個甜甜圈，就是孩子整天最開心的時刻。

有回想讓姊弟倆練練膽

子，在家每人發了五塊錢紐幣，讓他們自己去巷口麵包店開洋葷。五歲的姊姊開心地牽著四歲的弟弟，兩人一路唱歌，蹦蹦跳跳地走去麵包店，我跟珮珊擔心孩子過馬路危險，一路偷偷摸摸地尾隨，還必須三不五時地找掩護，躲在樹叢或路邊車子的後面默默地觀察。沒多久，姊弟倆回到家興奮地講不停，就算不會講英文，但靠著比手畫腳跟店員玩猜一猜，成功帶回心愛的甜甜圈，孩子第一次體驗到，鈔票可以轉化成甜甜的滋味。

親身體會鈔票的價值後，孩子過年領紅包開始發問，「爸，紅包交給你保管，你會幫忙存嗎？以後長大了可以用嗎？我可以留一百塊買鞭炮嗎？」我們自己成長的年代，收了長輩的壓歲錢後，都立刻上繳給老媽，從此沒下文。當時心裡多少有點小劇場，原來拜年拜半天，紅包卻都不是我的。為了不讓孩子有同樣的ＯＳ，兩個孩子小的時候，我和珮珊就幫他們各自開了帳戶。

每年的紅包在結算後，帶著孩子到銀行，讓他們自己把鈔票存進ＡＴＭ，然後刷本子看數字，並告知這些錢是他們的「存款」，有特殊需求或等成年後就可自由支配，爸媽不會充公佔為己有。從此，孩子對存錢這檔事有感，零用錢有用剩的，也會主動存入銀行。

由於我跟珮珊輪流接送孩子上下學，三餐也自理，所以孩子在上國中前，平常沒什麼用錢的機會，但為了培養理財觀念，上了小學高年級，我們開始每週發零用錢，上國中每半個月發一次，高中則是一個月一次，拉長發放的時間，目的是觀察孩子是領到錢就立刻花光，還是能未雨綢繆、提前規劃？

姊弟倆頭幾次當了「週光族」，但很快地學會忍耐，與其放學立刻去對面買雞排跟珍奶，不如忍一下，回家就有岑媽媽香噴噴的炸豬排晚餐，學習控制欲望跟預算的前提是，必須有花錢的自主權，這是我們決定發零用錢的出發點。

女兒Sammi上了高中後，參加社團、熱衷辦活動，對媒體公關有興趣，我和珮珊工作時就把她帶在身邊當助理，一來增廣見識，二來提早認知光鮮亮麗背後準備過程的辛苦，好幾次活動公司缺工讀生，Sammi就自願去打工，站一整天後領到的薪水特別香。爸媽說賺錢辛苦，孩子有聽未必有懂，孩子進入青春期，有時放手讓他們在寒暑假去打個工、吃點苦，會更珍惜金錢。

★成為鈔票的主人而不成為錢奴

時光荏苒，轉眼姊弟倆進入了紐西蘭奧克蘭大學就讀，大學就是個小型社會，同學們來自不同國家、文化、族裔，每個人的家庭經濟背景也不一樣，有人走路搭公車，有人開雙B跑車。

很慶幸，我們家內建的樸實價值觀，很早就落實在姊弟倆的成長日常。好幾次，姊弟倆跟同學的互動，我就如同當年尾隨買甜甜圈那天一樣，從旁默默觀察，身旁的同學不論是滿身名牌或全身上下都是山寨牌，姊弟倆都能相處得怡然自得，沒有隨波逐流。

有次女兒給我看一張姊妹淘聚餐的照片，那是一家很高檔的餐廳，我問誰買單？Sammi說，「Go Dutch. 放心，我有先看價錢，反正我也不餓，只單點一杯飲料跟大家聊天，聊得很開心。」

孩子海外求學，我將生活開銷跟零用錢分割處理，平常大賣場採購的食材跟日用品、水電費，請孩子將收據拍照保留，月底做成報表跟我請款，至於零用錢則是額外匯款一筆金額進入姊弟各自的戶頭，平常出門就使用簽帳金融卡，刷卡的上限就是戶頭裡面的餘額，每一筆交易都有銀行紀錄方便記帳管理。

常跟孩子分享一個觀念，我們對家人的愛的表現，就是把每個階段自己分內的事情做好，不要讓其他家庭成員擔心，爸爸負責賺錢、倒垃圾、打蟑螂，沒有怨言，你們現在是學生，就該努力儲備知識技能、如期畢業，心有餘力想打工，只要安全無虞，爸媽完全贊成多嘗試不同工作、多認識朋友，姊弟倆當過家教、救生員、除草工、服務生，賺了零用錢，也賺了人生體驗。

金錢觀是價值觀的一環，爸媽日常生活中給孩子的價值引導，自然會淺移默化成為孩子的認知。鈔票確實香甜，而爸媽的工作是教導孩子如何善用鈔票豐富人生，才能體現金錢的價值。

剛剛好的錢，給不起也是一種愛

該留給孩子什麼樣的遺產

我跟永康是新聞圈小有名氣的「省錢夫妻」，很懂得把錢花在刀口上，節約開銷、克制欲望，更是我們的強項。因此很多人都來問我們，怎麼在孩子還小的時候建立價值觀？還有，像我們這樣的雙薪家庭，會不會留房產給下一代？

到底要給孩子多少才是剛剛好？父母對孩子的愛，真的很難拿捏到剛剛好，大部分的情況都是郭富城的那首歌，「對你愛、愛、愛不完……」

信不信由你。孩子小時

候，除了聖誕節還有生日，我們從來不買玩具，他們擁有的玩具都是親友贈送，或當廣告臨時演員賺來的，玩具的樣品就是他們的演出費。我們從來不買昂貴的衣服給孩子穿，因為孩子一暝大一寸，幾乎都是穿朋友傳承的恩典牌。勤懇樸實，是我們對孩子食衣住行的堅持。

至於每一年長輩親友給的壓歲錢，各種紅包、禮金、獎學金，以及跟著我們上節目賺取的通告費，我們是一毛都不取，幫兩姊弟存進他們自己的戶頭裡，而且存錢的時候，一定帶著他們一起去，讓他們自己去體會鈔票的香味，看到存摺裡的數字不斷上升、積少成多，是什麼樣的感覺？

我們也跟孩子清楚地說明，學費和生活開銷的供應只到大學或研究所為止。零用錢必須比照立法院預算編列，經過我跟永康詳細審核以後才撥款，並且會依照上一個月的實際開銷「宏觀調控」。

畢業之後，就要盡快自立。我們容許孩子打工，但必須是「對未來職涯有幫助的」，而不要拋擲美好的青春只為了「賺那一點小錢」。至於我們會留多少遺產給孩子？最理想的狀態是死前盡可能把錢花光光。

曾經親耳聽見一位上流社會的貴婦抱怨，他們夫妻因為經商需要經常繞著地球跑，不論去哪裡，總是帶著寶貝兒子一起同行，這些年下來全球走透透，各條航線的遊輪幾乎都坐過一遍，沒想到兒子好像一點都不體會他們的用心，也從未表達感激之情，甚至還反過來抱怨，「哪裡有在玩？你們都是蜻蜓點水、生意優先。再說，全球知名景點我全部都已經去過了，以後我要帶女朋友去哪裡啦？」從小衣食無缺、生活優渥，當然不會把父母帶他踏遍大江南北、四處旅行這件事視為一件重要的事。因為愛孩子，父母願意把自己的資源跟孩子分享，卻往往換來一肚子的委屈。

該給孩子留多少資產，是每位父母都曾經思考過的問題，這個問題見仁見智。每個家庭的財富水平不同，安排、想法、觀念自然不一樣。但一定要留嗎？會不會「留來留去留成仇」？股神巴菲特、微軟創辦人比爾·蓋茲都承諾捐出百分之九十九的資產做公益，就是怕龐大的財富反而會害了孩子，讓他們失去為自己人生奮鬥的動機。

我們華人社會的家庭觀念特強，包袱自然就重了。給多了，怕孩子好吃懶做；給少了，怕孩子吃苦。有更多家長根深蒂固的想法是「反正我們兩腿一癱，遲早都要給他的，還不如趁現在頭腦清楚，趕快逐年把錢轉一轉，把房子過一過」。至於我跟永康的想法，則有幾個基本共識。

★先為自己留夠本再擔心子女

現在國人壽命越來越長，平均可以活到八十一點三歲（其中男性七十八點一歲，女性八十四點七歲），你得先算一算自己還有幾年要活？要留多少錢才足夠？這裡的「足夠」，不只是要有能力負擔下半輩子的生活開銷和醫療費用，而是必須讓自己的晚年過得心安理得又有尊嚴。還有哪些人生夢想沒有完成？要預留足夠的經費去達成。更何況有科學家預測，未來二十年，人均壽命可能比現在再延長十年以上，沒有意外的話，你絕對比預期的還要活更久，所以先不要急著把資產傳承給小孩。

我們社區有一位鄰居是單親媽媽，靠著賣早餐好不容易把孩子撫養到大學畢業，誰知道孩子還想繼續到美國探索花花世界，這位媽媽卯起來拚了，週末也不願休息，包水餃做冷凍宅配。她平常省吃儉用，出門都以公車代步，但兒子卻全身名牌，「哀鳳」手機一支接一支換，不知情的人還以為他是有錢人家的小孩。單親媽媽甚至一度動了念頭，要不要把自己唯一一張拿來養老的保險金解約，把棺材本給兒子去美國讀書。

我著急地勸她，「千萬不可以，花得到的是財產，花不到的是遺產；妳一定要對自己好一點，不要什麼都只想留下來給小孩，不然妳這麼辛苦一點一滴存下來的，一定是留給未來陌生的媳婦花，這輩子輪不到妳享福。」

★心有餘力可以幫助他們「一次」

台灣的高房價讓年輕人成為躺平族、看不到未來。就算把一生的薪水都存起來、不吃不喝，也買不起市區的房子。大部分的朋友都表示，如果有能力，至少可以協助孩子負擔第一次購屋的自備款（頭期款），如果孩子要創業，也願意給他們一筆資金作為敲門磚。

這是出自於心疼，身為父母，在必要的時候作為孩子的推手，我認為無可厚非。但為什麼我特別強調「一次」？因為一次已經足夠，再多給就不再是祝福，可能會變成傷害。你真正需要傳承給孩子的，不是留給他們一棟房子，而是正確的投資理財觀念，選屋、購屋、胼手胝足白手起家的滿足，留給他們自己去體會。

★給不起也是一種愛

沒有能力幫助小孩的爸媽，千萬別自責，「愛」這件事不是用金錢衡量的。就是因為給不起，子女才會斷了這個念頭，更加投入、更加專注地為自己打拚。

我年少時父親四處欠債，逼得我從高中就得開始自食其力。我曾經在西門町街頭發送MTV的會員卡、在麥當勞擔任清晨五點開店的工作、是廣播電台的工讀生。後來又因緣際會，參加比賽獲聘到地方電視台當起學生主播，當時我才二十一歲，一個月可以賺到將近四萬元，還因為成績優異拿到《聯合報》王惕吾先生獎學金，足以支付自己的生活開銷和學費，從此再沒伸手拿過家裡一毛錢。

美國鋼鐵大王卡內基的名言，「一個年輕人能夠繼承到最豐厚的資產，莫過於出生貧窮之家。」窮困能夠激發志氣，使孩子更能體會父母的辛勞，年少時就養成願意吃苦、不怕困難的心性，他會更加努力上進，反而一生受益無窮。在滿街都是媽寶的時代，這種小孩更加稀有難得。你已經把孩子養育長大，也盡了一切努力讓他受教育，孩子獨立成人之後，也代表你的任務已了，無須苛責自己。

這幾年在歐洲，老人家流行事先整理遺物。自己收，總比撒手人寰之後要別人去收來得負責。轉頭看看你的屋子裡，是不是很多東西已經擺在那裡塵封已久，你根本對它視而不見。甚至抽屜已經滿出來，衣櫥裡的衣服也多到關不上，為什麼不花點時間整理一下你對每件物品的感情，回味一下那些消逝的時光。這些東西它們當初是怎麼來的？何時來到你的手上？

清點遺物其實並不悲傷，反而會幫助你回憶起更多美好故事。然後，記得把用不到的轉送給比你更適合的人，因為，這些物品死前叫做禮物，死後叫做遺物，你比較喜歡收到禮物還是遺物？

伊塔羅．卡爾維諾（Italo Calvino）奇特和充滿想像力的寓言作品，使他成為二十世紀最重要的義大利小說家。他最經典的一句話，「死亡，就是你加上這個世界，再減去你。」乍聽之下很無厘頭，但仔細咀嚼，太精闢了。

你存在的這一生，到底留下了什麼？是留下好幾棟房子？造就人的發明？大受歡迎的產品？還是令人念念不捨的溫暖、睿智的話語？這個世界有沒有因為你的加入而改變？這才是我們應該在有生之年去思考，留給孩子的「遺產」。

永康&珮珊的心底話

- 為了培養理財觀念，上了小學高年級，我們開始每週發零用錢，上國中每半個月發一次，高中則是一個月一次，拉長發放的時間，目的是觀察孩子是領到錢就立刻花光，還是能未雨綢繆、提前規劃？

- 常跟孩子分享一個觀念，我們對家人的愛的表現，就是把每個階段自己分內的事情做好，不要讓其他家庭成員擔心。

- 鈔票確實香甜，而爸媽的工作是教導孩子如何善用鈔票豐富人生，才能體現金錢的價值。

- 孩子小時候，除了聖誕節還有生日，我們從來不買玩具，他們擁有的玩具都是親友贈送，或當廣告臨時演員賺來的，玩具的樣品就是他們的演出費。我們從來不買昂貴的衣服給孩子穿，因為孩子一暝大一寸，幾乎都是穿朋友傳承的恩典牌。存錢的時候，一定帶著他們一起去，讓他們自己去體會鈔票的香味，看到存摺裡數字不斷上升、積少成多，是什麼樣的感覺？

- 花得到的是財產，花不到的是遺產；一定要對自己好一點，不要什麼都只想留下來給小孩。

獨家報導

09

孩子放飛

如何維持親子間的親密關係？

相隔兩地的不得已

我們都沒有想像中的堅強

相思苦，別輕易試探人性，因為信心比想像的脆弱，猜忌比想像的猖狂，為了給孩子一個更好的機會，多少媽媽帶孩子遠赴海外求學，獨留爸爸台灣拚經濟，拚到小三、小王來了，夫妻分了。多少賠了夫人又折兵的故事反覆上演，分隔兩地從來不是我跟珮珊的選項，然而，計畫趕不上變化，一通電話，讓我們整整兩年聚少離多，苦苦相思。

★計畫趕不上變化

原本的共識，等孩子台灣高中畢業後再出國讀書，身心成熟度足以獨立面對生活大小事，爸媽也就不用跟在身邊伴讀照料。

女兒上了高一，有天我閒來無事，覺得該超前部署，先了解一下紐西蘭大學的學制跟入學相關規定，上網一搜發現不妙，英紐澳體系的大學一般三年畢業，由於修業時間較短，各科系對高中成績有專業學分的要求。

例如，工程系要求高中必須拿到物理學分，金融系要求高中拿到統計學分，我擔心女兒就讀台灣高中的學科成績難以轉換銜接，決定打個電話給紐西蘭大學的註冊組釐清。

對方耐心地解釋申請流程，還幫忙畫重點提醒，台灣高中畢業生大都被要求先讀一年Foundation Studies，補足系所要求的高中專業學分後才能申請入學。對方建議女兒高一念完，最好直接前往當地高中就讀Y12、Y13，累積專業科目學分，這樣一來，銜接上才不會被耽誤。

掛上電話後，我們立刻召開家庭會議，孩子很期待，爸媽很惶恐，在評估所有利弊得失的過程中，若選擇提前出發，孩子明確指定要媽媽陪伴，因為三餐伙食有保障。最後結論，我們走上起初最不願走的路，我跟妻小隔著南北半球；過著季節顛倒的分離日子，妳的夏日不懂我的冬夜。

頭半年，珮珊每隔一個多月就短暫返台一次，接接活動、顧顧老公，我的失落感不算嚴重，哪曉得後來一場世紀瘟疫，打亂了千萬家庭，團聚變得遙不可及。周遭兄弟投以羨慕的眼神對我說，「永康，老婆孩子不在身邊，自由了，很爽喔！」確實，爽了大概一個多星期，兄弟約來小酌不用報備，但如同孫悟空逃不過如來佛的手掌心，我跟珮珊交友圈重疊率高達九成五，朋友拍照PO文，臉書還會自動Tag珮珊（我倆長太像，臉書常認錯），我的行蹤難逃珮珊的眼線。

其實，不用老婆盯，我也早就告別了夜夜笙歌歲月，現在去唱歌跑夜店，會嫌音響太吵了。此外，為了避免誘惑、守身如玉，我報名了神學院，潔淨我的心靈；為了不胡思亂想，我報名了鐵人賽，消耗我的體力，學衝浪、練單車、回家累癱倒頭睡，就怕獨處會讓思念纏繞上身、如影隨形。然而，隨著分隔的時間拉長，我不但沒有習慣獨居，心情反而更加低落。

這時珮珊在奧克蘭認識了一對台灣夫妻，相處一段時間，發現對方年輕優秀又熱心靠譜，他們想買下我們的房子，並願意讓Sammi和Ethan繼續住，直到上大學。珮珊當時觀察孩子生活已上軌道，心裡又掛念著我這可憐的獨居大叔，於是又號召開場隔海視訊家庭會議，討論媽媽是否完成階段任務可以回台灣陪爸爸了？孩子跟這對台灣夫妻一起住OK嗎？

沒想到，人高馬大的Ethan，不用跳就蓋我火鍋的微笑大暖男，內心沒像外表一樣的高大，他突然啜泣落淚，然後瞬間大爆哭說，「為什麼我們不能回到從前？我想爸爸來紐西蘭團聚，就像以前一樣，我們全家開車到處去旅行。我……（吸氣）……好（吐氣）……想（擤鼻子）……好想……好想……」我當下就知道，沒戲了，兒子的眼淚完勝爸爸的寂寞，媽媽肯定會留在紐西蘭繼續做飯，換爸爸準備哭了。

★如潮水般洶湧的思念

三十出頭，沒什麼錢，也沒什麼好失去的，憑著一股冒險的勇氣，帶著全家到紐西蘭Long Stay，做了場春秋大夢。四十過半，手頭較寬裕，卻多了瞻前顧後，畢竟中年大叔若離開職場要二度就業，難度跟風險都高啊！我更需要梁靜茹的「勇氣」。

真的可以再瀟灑一次，任性地辭去主持的節目，暫停所有的邀約，就為了去陪妻小過日子？這決定對嗎？我反覆問自己，從白天問到黑夜，從夏天問到秋天，不斷禱告，尋求上帝帶領。突然靈光乍現，先把房子賣了吧！至少資金水位有了安全感再做決定。

當初搬到新店山上的別墅，全家住得怡然寬敞，但當屋內只剩我一人，空間感變成空蕩蕩，晚上也會怕黑、怕寂寞，再來，山居生活愜意卻非常潮濕，出遠門一個月，衣服家具都會發霉，反正短期內孩子不會返台，若房子順利出售，可更靈活、無牽掛地下決定。有了念頭，買家立刻現身，一個星期成交。

賣房子不難，搬家卻是難上加難，一棟大房子內四個人的所有家當，我必須短時間內獨立完成打包，可能嗎？聖鬥士星矢的小宇宙爆發威力有多大，沒有出手戰鬥前，恐怕連他自己都不知道。

永康的小宇宙有多強？好幾次，我看著家具發呆，看著衣櫃的衣服發楞，壓力山大，甚至一度後悔為什麼沒事找事賣房子？光大紙箱就堆了八十幾個，最艱難的不是分門別類裝箱，也不是體力活，而是割捨。

第一次過「減量人生」，搬回市區空間較小的房子，多餘的家當必須趁機清理，但什麼是「多餘」？尤其是孩子小時候的東西，得幫他們過濾丟了。這下可好，打開抽屜看到一張古早的父親節小卡片，上面字寫得還歪歪扭扭「爸爸我愛您！」該丟了嗎？抽屜翻下去還有好多、好多「其他」可以瞬間讓我淚崩的記憶……，我心理狀態似乎還沒有準備好，於是關上抽屜，打開酒櫃，拿出一瓶艾雷島的威士忌，蹲坐在樓梯間老淚縱橫，墜入回憶的漩渦，久久無法自已。

對我來說，難割捨的不是幾張卡片紙條，而是要跟記憶中寫卡片的可愛孩子掰掰了，如此天真的文字不會再有，過去的熟悉將蛻變成另一種情懷，知道這一天終究會來，但來得猝不及防。

我以為早就準備好，我以為自己夠堅強，但原來我們都沒有想像中的堅強。而且放眼望去，家裡怎麼有那麼多的抽屜啊？難道每開一次，就得哭一次？那要打包到何年何月？快瘋了！我開始減少「翻閱」，避免回憶，靠著日夜燃燒小宇宙，最後在家裡威士忌喝完前，堅強地完成任務，瘦了兩公斤。

關鍵時刻要下決定，必須回到核心的價值，我們打拚努力的目的，就是為了一家四口分享快樂。我賺錢，但寂寞，妻小也缺了一塊。珮珊對我說，「兒子申請大學的最後關頭、科系的選擇跟面試，爸爸是最重要的安全感來源，錯過了你會懊悔。」一語驚醒夢中人。不久，我跟節目製作單位遞了辭呈，婉謝了手邊的活動邀約，心中的烏雲散了，頭上的天都藍了！

09

孩子放飛

為自己的老後做好規劃

晚年不將就，優雅的變老

曾經去安養中心探望一位高齡九旬的長輩。

老太太生養眾多，卻沒有一個子女能與她同住一個屋簷下，因為她會懷疑兒女偷她的錢，整日把一包現鈔抱緊在懷中；媳婦煮飯給她吃，她老嘟嚷飯菜有問題，不然為什麼每回都肚子痛。

開口聊的全是數十年前的往事，埋怨自己一甲子的婚姻多麼不幸。明明大小便已經失禁，她卻礙於面子，不肯使用尿布和輔具。

俗話說，「家有一老，如

有一寶。」但真實的殘酷情況是，因為這老人家的不明事理、疑神疑鬼、喜怒無常，經常給子女找麻煩，家人被折磨得身心俱疲。這個老人偷走大家的快樂，偷走大家的平靜，一群六、七十歲的老人實在無法再照顧更老的老人，只好把老媽媽送到安養機構，寧可背負不孝的罪名，也不能縱容老媽媽無理取鬧，破壞自己好不容易建造的二代家庭。

這位長輩在死氣沉沉的安養中心一待就是好幾年，可能就此待到生命結束的那一天。對老人家晚年的處境，我除了嘆息之外，也暗暗在心中引以為鑑，問自己，「妳呢？妳想要什麼時候退休？想要怎麼樣的老去？」時間，健康與活力都是有限的，越早開始規劃準備，越有機會輕鬆達標。

帶領孩子「咻」一下就長大的過程，不得不承認，我們的白髮漸增，染髮的次數越來越頻繁。到電視台錄影，節目企劃左一句「永康哥」，右一句「珮珊姊」，這不只是有禮貌、對前輩的尊稱，而是對年紀的提醒。

★難以避免的歲月流逝

現在的我，滑手機之前都得先找到老花眼鏡，我意識到自己在別人眼中已經是中年，盡早規劃晚年生活，並且清楚告知子女讓他們明白且尊重我的意願，才是真正對人生負責任的展現。

對我而言，退休的定義不是啥也不做，更不是因為無法勝任工作而被迫退出職場。最好的狀態是能夠退而不休；從自己不想做的事退下來，去做自己熱衷喜歡的事情，不為五斗米折腰。年輕的時候，什麼案子都願意嘗試、願意接，不錯過任何賺錢或學習的機會，但有了一定的年紀和專業當後盾，就多了一點浪漫和耍任性的空間，工作內容只愛我所擇、擇我所愛，甚至懂得適當的水漲船高、以價制量，誰也不能勉強我。當自認財務自由、時間自由、心靈自由，就是退休之日。

在別的老太太身上看到的問題，盡量避免也發生在自己的身上：當我老了，我要更愛乾淨，勤於洗澡，不要飄出老人味；不穿小碎花的衣服，太顯老氣；不燙韓國阿珠媽那種捲度不自然的頭髮；不把家裡當資源回收站，該丟的東西就丟；不因為老了就拒絕學習，抗拒電子產品；不倚老賣老，好漢不提當年勇，別把陳腔濫調的老故事掛在嘴邊；要更承認年輕人比我們優秀，懂得欣賞下一代的優點；不因為自己老了，就將就、就隨便。晚年，是更應該犒賞自己的日子，每一天都要好好過，不能隨便。

★我的養老藍圖

在健康和經濟條件都允許的情況下，我跟永康認真考慮坐豪華遊輪養老。我們計算比較過，坐遊輪每一天所需的花費，其實和住安養院差不多。不同的是，環遊世界遊輪養老，每天睜開眼睛就抵達一個嶄新的港口城市；不用料理三餐，有人替你換洗床被、打掃房間、維修家電，看不完的娛樂大秀，看到的盡是異地風景、有笑容的人兒、聞到的是海洋的味道、大自然的芳香；人家把你當「客人」，而不是「病人」，無需在老的時候，還要忍受醫院的藥水味，在公園被晾在一邊，聽外傭用聽不懂的語言吱吱喳喳閒聊，或是面對白色冰冷的牆面、一張又一張等待死亡的愁容。對了，如果太空旅行在有生之年真能問世成為產品，我們一定報名參加。

至於如果有多出來的財富，我想每年耶誕節由我贊助機票酒店，集合全家一起去旅行，平常的日子則多找有意義的事情做，別把注意力全集中在兒孫身上，透支的母愛、錯誤的期待，會讓雙方的壓力都很大。

提醒自己，不用做個嘔心瀝血、蠟燭燃燒殆盡的完美好媽媽，付出是應該有止境的，只要孩子需要我的時候，當下盡我能力去回應、去幫忙，做個負責任的媽媽就夠了。當然，這前提是經濟獨立，完全不需要子女的撫養，靠山山倒，靠人人倒，勞保、健保都有可能會倒，最好還是靠自己。

我們的退休計畫中，最大的風險是活太久，每隔十年，醫療技術就會有一輪進步，可以讓人類多活兩年，這樣推算下來，我們都可能活到近百歲。所以多準備，能存多少是多少，絕對不會錯。

我想要優雅地老去，想要做個溫和有智慧的老人家。孩子、孫子在外工作勞碌都會願意回到我身邊找我聊天。還沒被子女嫌棄之前，就先蒙主召見，死之前把錢花光，那才是天大的恩典！

永康＆珮珊的心底話

- 三十出頭，沒什麼錢，也沒什麼好失去的，憑著一股冒險的勇氣，帶著全家到紐西蘭 **Long Stay**，做了場春秋大夢。四十過半，手頭較寬裕，卻多了瞻前顧後。
- 當自認財務自由、時間自由、心靈自由，就是退休之日。晚年，是更應該犒賞自己的日子，每一天都要好好過，不能隨便。

獨家報導

10

給愛與分離

如何做到孩子學獨立，爸媽學放手？

一個人的父親節

分離才知愁滋味，爸爸要刷存在感

#祝福天下爸爸們父親節快樂
#2020臉書貼文

父親，是一個我沒有把握的角色；來自單親家庭，成長的過程沒有父親的形象可學習；婚前被歸類為夜夜笙歌的夜店咖。別說身邊的朋友了，連我都不看好自己能當個好爸爸，孩子報到後，日子就在每天的追趕跑跳中過去了，還沒搞懂到底怎麼當個爸爸，孩子居然就稀哩呼嚕、長得比我還高了。

昨晚跟在南半球奧克蘭的

珮珊通電話，她說兒子受到我莫大的影響、潛移默化。自從我回台北，兒子主動幹起家中的粗活，當挑夫、清道夫，任勞任怨，週末晚上接投影機，準備家庭電影院，以前我做的事，兒子都跟著做，珮珊說我應該感到欣慰。

父親，是一個我沒有把握的角色；自己求學順利，職場貴人相助，情場雖曾失意，但終究尋得真愛，凡事努力就有成果，對得起自己就好，但當了爸，要對另外一個生命負責，這角色偉大到有些沉重，我從不認為準備好了，每天的日常兵來將擋、水來土掩，誰真正準備好？但求盡心盡力。

父親，是一個我沒有把握的角色；它卻是最讓我生命豐富的角色，從包尿布、餵奶開始，人生順位、重心、規劃截然不同，看孩子參加比賽上台領獎，比自己第一次上主播台還爽；送孩子進開刀房，比自己不打麻藥割一塊肉還要痛，這個角色厚實了我的格局視野，擴張了我的喜怒哀樂，增添了我的生命彩度。

父親，是一個我沒有把握的角色；它卻讓我重新活了一遍，天天接送幼兒園、小學、國中、高中，聽著孩子話題，想起了自己的當年，曾經的青春歷歷在目，感謝兩個孩子，讓我知道現在流行什麼、YouTuber誰當紅。走進ＫＴＶ包廂，我終於不用再點年代金曲，驕傲地唱新歌。

老天怕我太無聊，一早派了地牛翻身，傍晚暴風女神跟著報到。也好，連續兩天的活動都延期，待在家裡，靜靜細數與你們一同經歷的美好。

Sammi、Ethan，謝謝你們，讓我跟媽媽的生活多采多姿！

剛上主播台，常被叫奶油小生，梳了西裝頭仍舊乳臭未乾，不管怎麼裝成熟，就差一個味道。當了爸爸後，有了責任承擔、有了成長歷練，那個味道慢慢出來了，或許男人一生中，心態上無法主動察覺、但卻最徹頭徹尾的轉變，就是擔任父親這個角色，也是男孩跟男人的分野。

在臉書上寫了這篇「一個人的父親節」，當時我們一家四口南北半球分隔的日子已經過了一年，顯然，我仍學不會如何面對孤獨，因為文章寫完，桌上的面紙也用掉了半包。

普天下，一般家庭對父親節的關注度遠不如母親節，商業價值更是差了一大截，母親節有卡片、康乃馨，這幾年還要準備蛋糕，學校也會舉辦母親節活動，提醒同學要及時行孝，但八八父親節，孩子放暑假、爸爸在上班，還經常有颱風。

有回，我提起勇氣面對現實，問女兒為什麼比較願意跟媽媽聊內心話，但對待爸爸就比較像工具人，平常無事不登三寶殿，除非遇到問題才來找？

女兒的回答也直截了當、不修飾，說媽媽比較會用他們喜愛的方式愛他們，而爸爸是用自己比較喜愛的方式愛他們。比方說，Sammi有次生日，我送了一條珍珠項鍊當禮物，寓意深遠地告訴女兒，珍珠養成不易，需要耐心細心呵護，經年累月才能成長散發光芒，就如同爸爸對妳的照顧。

講完這段話，我自己感覺用情至深、肺腑感人，但事隔多年，Sammi說，「爸，你送珍珠項鍊真的很無聊，我根本不會戴，一直放在抽屜，媽媽送手機超實用。」天底下的爸爸們，要讓客戶歡喜得先做市調，理解需求、量身訂製，滿意度才會高，別一直活在自己的小劇場裡。

無論如何，父親節這天，我口頭上說不要浪費，不要亂花錢買禮物，減肥中拒吃大餐，但內心深處，一張卡片、幾個字，我都會偷笑半天，然後拿去護貝。而這篇臉書貼文PO出沒多久，我收到後面這封兒子寄來的Email，祝我父親節快樂，看完後，桌上剩下的半包面紙就用光了。

★

爸，還記得小時候，你跟我說，希望我永遠記得你「現在」的樣子，體力充沛，能夠帶著我們上山下海的樣子。從那時起，我就知道，有一天我會長得比你高，因為我吃得好，學業成績也不會太差，因為生活環境好，我立下了目標，把你當榜樣，而且要成為更好的你，衣食無憂的我沒有理由做不到。

現在十八歲了，看來一切都上軌道。在紐西蘭讀大學很少看到你，但我都有在努力，每天都在努力增進球技，想著回來找你單挑，認識新朋友、學到新知識也都迫不及待在每個星期的Line視訊會議跟你分享（我們家每個星期五晚上都有個家庭會議時段，分享一個星期下來，各自發生的趣事）。我也很努力地維持身材，每天去健身房，想要跟你大學時期一樣有腹肌。

我跟姊姊在紐西蘭上大學後，全家聚在一起的時間真的少了很多，我很期待每一次的團聚。每次回來台灣都好奇你會帶我們去哪裡玩，以前旅遊上山下海到處跑，現在吃飯、逛**Outlet**，偶爾衝浪、打球，我也漸漸感受到時間的流逝，相處的模式也在變化，現在體力跟球技是跟你「旗鼓相當」的時候，當然要珍惜。

很多人會把**LeBron James** 和 **Michael Jordan**做比較，兩個不同年代的輝煌球員，各自的統治力都無庸置疑。你就是那永遠的**GOAT**（**Greatest of All Time**），而我的旅程才剛開始，未來要追尋你的腳步，更努力朝著我的目標前進！

父親節快樂喔！

懂愛
也要懂分離

翅膀硬了就該自由飛翔，有傷心亦有成長

那天我跟永康討論到，「孩子大了以後，要不要繼續住在家裡？」老實說，我內心充滿矛盾。

一方面已經習慣孩子窩在身邊：一起追劇、一起家庭電影院、一起配著新聞吃飯、一起打牌（這可不能三缺一）；我享受一家人膩在一起的歡樂時光。但另一方面，又很害怕他們把我當外傭，把這個家當飯店，把一切視為理所當然，下班連說一句「媽，我回來了。」可能都懶。

這點老公比較堅持，他主

張「孩子上班後，就應該搬出去」。但他同意給孩子一個「過渡期」，也就是在他們領到薪水、卻還沒有能力在外租房或買房前，暫時住在家裡，但也嚴格要求「使用者付費原則」，孩子必須要分擔水電瓦斯、WiFi，向他們收取基本的租金，這是一個成人對自己負責的表現，不能因為愛，省略這個磨練心智的過程。

而且醜話說在前面，媽媽當天如果有做飯，你們要心懷感激，那不是必要的，自己的衣服自己洗、家事自己做，媽媽在你們成人前「已經完成了她分內的事」，接下來為你們做的，都像紅利點數，多的。

永康說得沒錯，母愛真偉大，照理來講應該是「歡喜做，甘願受」。但實際上的情形呢？媽媽體力一天比一天差，從菜市場拎個菜回家，手腕痠痛、五十肩發作，拖個地也會喘吁吁、腰桿挺不直，還要克服更年期後，種種身體導致情緒上的變化；做不動碎碎念，又被孩子嫌囉嗦嘮叨，不歡喜也不甘願了。久而久之變成「委屈做，難忍受」，孩子如果遲遲不離家，以前越看越可愛的乖寶，很可能變成越看越討厭的媽寶，負能量開始在這個家惡性循環。

★學習分離與愛同等重要

回想起我和孩子的第一次分離，應該回溯到分娩的那一天。毫無預警，羊水突然破了，永康匆匆忙忙地護送我到醫院，他得立刻趕回電視台播新聞。當時狀況實在太臨時，根本找不到代班人，所以很搞笑：我是自己一個人在醫院生小孩的。

無痛分娩打下去，還能跟醫生練肖話。我問醫生，「能不能再等一下，等孩子的爸把這節整點新聞播完？」結果醫生搖搖頭說，「來不及，孩子的頭已經出來了。」

別的媽媽在生產時感受到的撕心裂肺、青筋爆裂，或連續劇上演太太用指甲猛掐先生的肉，我完全沒有經歷到，這孩子根本是來報恩的，臍帶剪下去，我跟孩子的第一次分離，沒有痛楚，對這個家庭新成員，只有滿滿的期待和喜悅。

我和孩子的第二次分離，是新生入學的那一天。我牽著他們的小手送到教室門口，跟老師打個招呼，叮嚀孩子要乖乖，轉頭就走。放學後才知道，他們竟然是全班少數沒有媽媽陪同的。大部分的家長都在教室後方、窗台邊、走廊上待一會兒，也有上演淚眼汪汪十八相送，一整天走不了的。我深知我的孩子們在陌生的環境也有著良好的適應力，很快就能結交到新朋友，因為放心，所以勇敢放手。

有時候，根本不是孩子離不開爸媽，而是爸媽離不開小孩。

在紐西蘭，有一次我們全家報名騎馬的活動，到現場傻眼了。原來紐西蘭不像台灣，只在馬場裡面繞幾圈，而是必須穿越森林、跨過小溪、馳騁沙灘，一趟至少要兩個小時。牧場主人一口氣牽了四匹馬交到我們手上，那時兒子才三歲半，這是他們人生第一次騎馬。兩百多公分高、壯碩的馬匹，體型是孩子的數倍，真能駕馭？萬一落馬、萬一被踢到、萬一馬兒抓狂、萬一脫隊……，無數個「萬一」瞬間湧上心頭。

我皺起眉頭有些遲疑，問馬術教練，「能不能讓我們大人帶小孩，兩人共騎一匹？」對方回答，「別擔心，相信妳的孩子，他們一定可以的。馬是牧場裡面智商最高的動物，牠們受過良好的訓練，儘管跟著我，非常安全。」果然短短幾分鐘後，孩子上馬、下馬，基本騎術都會了，還能笑嘻嘻的單手牽韁繩、另一隻手對我比ＹＡ拍照，事後印證，有時媽媽的擔憂根本是多餘的，沒有人為他撐傘的孩子，才會拚了命地拔腿往前奔跑。

姊弟倆在紐西蘭上了大學，幫他們把住處安頓好，我的陪讀任務正式宣告結束，收拾行李要回台灣了，這是我們第三度分離，也是截至目前為止，全家人分離最久的一次。在奧克蘭機場，女兒緊緊抱著我，我竟然不爭氣地哭了起來。

這次的分離，我承認，輕鬆不起來，有著嚴重的焦慮，害怕姊弟獨自生活在海外，飲食不均衡、瓦斯沒關、門窗沒鎖、地震颶風海嘯疫情接踵而至，甚至每當我看到新聞中哪裡又發生槍擊案，下一秒就立刻拿起電話，只是為了要確定他們很平安。做父母的，最困難的學習就是不把孩子當成孩子，即便他們已經長大成人，依舊難以放心。我努力去適應孩子長大後、自然而然、一次又一次反覆上演的分離。

★親子共同應該學習的課題

孩子每次安排好跟朋友外出，都是頭也不回，收好東西就走了，我安慰自己不要傷心，這並非孩子絕情，而是世界上所有生物的本能，翅膀硬了，本來就會離巢、離開父母親。

有些鳥類還比我們心臟更強大一些：幼鳥不肯飛，會把牠踢下懸崖，硬著陸，逼你飛。他們有自己的朋友、同事，接下來是婚姻、家庭，與其在那裡糾結「人回來了，心不在家」，還不如一開始就斷得乾乾脆脆，鼓勵他們在適當的時間搬出去，讓孩子有機會展開自己的人生。

如果自認是一個充滿愛的家庭，不論在哪裡，孩子的喜怒哀樂都會願意跟我們分享，健康的家庭更不該害怕分離，因為那是天經地義、合乎法則的。不僅不要阻擋孩子離家，還要主動提出、要求分離，讓他們真正成為人格、經濟、生活、人際關係等各方面都獨立的個體。抗拒跟孩子分離就等於拒絕成長，不是嗎？

我常常跟孩子說，「媽媽非常非常愛你們，但我也不斷提醒自己，要更愛你們爸爸比愛你們再多一點點。因為爸爸才是陪伴我一生，可能陪我到最後（推輪椅）的人。」爸媽不可能陪伴你們一輩子，你們也要珍惜並且用心去追尋那個陪伴你一生的伴侶，彼此相愛，彼此扶持。正如《聖經》的教誨，「那人獨居不好，我要為他造一個配偶幫助他（創世紀2：18）」，以及「人要離開父母，與妻子聯合，兩人成為一體（馬太福音19：5）」。

孩子要「長大」，父母要「長進」。為了下一代也跟我們一樣健康圓滿，就應該狠心與孩子分離，每一次分離都有傷心，但卻也都會帶來成長，懂得分離，才是真愛。

永康＆珮珊的心底話

✦ 母親節有卡片、康乃馨，這幾年還要準備蛋糕，學校也會舉辦母親節活動，提醒同學要及時行孝，但八八父親節，孩子放暑假、爸爸在上班，還經常有颱風。有回，問女兒為什麼比較願意跟媽媽聊內心話，但對待爸爸就比較像工具人，女兒說媽媽比較會用他們喜愛的方式愛他們，而爸爸是用自己比較喜愛的方式愛他們。

✦ 我享受一家人膩在一起的歡樂時光。但另一方面，又很害怕他們把我當外傭，把這個家當飯店，把一切視為理所當然，下班連說一句，「媽，我回來了。」可能都懶。

✦ 孩子每次安排好跟朋友外出，都是頭也不回，收好東西就走了，我安慰自己不要傷心，這並非孩子絕情，而是世界上所有生物的本能，翅膀硬了，本來就會離巢、離開父母親。

✦ 健康的家庭更不該害怕分離，因為那是天經地義，合乎法則的。不僅不要阻擋孩子離家，還要主動提出、要求分離，讓他們真正成為人格、經濟、生活、人際關係等各方面都獨立的個體。

獨家報導

11

責備與關愛

如何拿捏其中的輕重與分寸？

11

責備與關愛

解決代溝的好方法

爸媽少囉唆，孩子只需要你講重點

「Top Gun」的阿湯哥如果跟冰人一樣照表操課，續集裡也該升將軍了，只是阿湯哥沒有騎著Kawasaki把女教官、沒有離經叛道挑戰規定，而是循規蹈矩地上班出任務，下班回家吃飯、洗碗、倒垃圾，這電影還有人看嗎？就是要勇敢做自己才讓人嚮往。但若阿湯哥是你兒子，你希望他當個職場獨行俠，耍帥一輩子？還是平步青雲當上將軍領退休俸？

電影裡阿湯哥要做最好的飛行員，不求升官發財，如果生長在華人家庭，阿湯哥應該會天天被爸媽碎碎念，怎麼不趁年輕打拚升遷？怎麼不早點成家立業？都什麼年紀了，還飆車、飆戰機，不能安分待在辦公室嗎？

★從個性觀察職涯的發展

至少阿湯哥的志向明確，現在年輕人最大的問題是搞不清楚自己要什麼。我曾在大學兼課教書三年，課程是大三以上才能選修的「電視專題製作」，老師年輕幽默又號稱新店阿湯哥，一開放選課就秒殺，不輸搶演唱會門票。

第一堂課我都會問同學，誰想當電視節目製作或企劃？舉手的總是屈指可數，絕大多數的同學對未來茫然，根據經驗，舉手的同學後來職場的發展就是比別人快一步，就算遇到挫折，也快一步調整再出發，越早看清方向，越有機會達成目標。爸媽的責任就是當孩子看不清時，幫他點一盞明燈，大學科系的選擇關乎職涯發展，爸媽需要的不只是感性的支持，也需要理性的分析，更需要愛的智慧。

女兒Sammi從小就愛說話、愛麥克風，人緣好，樂於當康樂股長，散播歡樂散播愛，繼承衣缽一切順理成章，申請大學毫無懸念地選擇大眾傳播系，如魚得水。兒子Ethan數理表現優異，讓數理滿江紅的爸爸、媽媽、姊姊常懷疑，是不是一家人啊？怎麼那麼不合群？

既然那麼厲害，就給Ethan一個艱難任務，把紐西蘭梅西大學的航空系（Aviation）當作努力的方向，因為入學門檻堪稱理工科系中數一數二的，學分成績能夠被航空系錄取，申請其他科系就像塊小蛋糕。再說，能夠穿著帥氣的機師制服跟成群的美麗空姐一起翱翔天空多美好，新店阿湯哥無法完成的美夢，就交給兒子了。

使命必達的Ethan，Y13成績全科E（Excellence），等同滿級分，申請的六個系所全壘打，沒想到這也成了甜蜜的難題。航空系是原本的夢想，但就業市場大熱門的工程系更貼近現實，當爸爸的該如何建議？

我決定不當倚老賣老，只憑自己經驗說教的Old man，而是蒐集資訊、協助兒子判斷的Wing man。我拿出媒體人看家的本領，帶著兒子一起做了很多田野調查跟訪談。

★多方尋找各項資訊評估

首先透過朋友介紹，認識了兩位同樣來自台灣、在梅西大學航空系畢業的大學長。學長們提醒，航空系是個窄門，也是一條專業但越走越窄的路。因為省略了一般的通識課，所有課程設計都在預備飛行，畢業取得學士學位的同時，也可領到小飛機的飛行執照，但距離開商用客機還必須再累積三、四年的飛行時數，期間若沒有找到飛行助教的職缺累積時數，就得自費在飛行俱樂部補足時數。

這頭洗下去不得了，孩子得花七年青春，我得預備賣掉一棟房子。這兩位大學長畢業後都返台報考國籍航空，由航空公司出錢培訓、累積時數，更重要的是，結業後，航空公司就安排職務立刻上工。飛行夢雖美，但也要務實地計算成本風險。

Ethan另外一個目標是熱門的工程系。一般人對紐西蘭的印象就是數不完的羊咩咩，但可能不知道，紐國政府近年努力發展火箭基地，協助全球客戶發射商用衛星。當地的火箭基地跟奧克蘭大學工程系有密切的合作，未來職場行情看俏。奧大工程系的畢業生在科技人才相對稀缺的紐西蘭，不用擔心找不到適合的工作。梅西航空跟奧大工程都錄取了Ethan，該如何抉擇？

歸納了畢業學長的建議、課程內容的喜好、職場前景的分析，還有幾次家庭會議後，Ethan決定就讀奧大工程系，學得一技在身。生活先有了保障再追尋夢想，大學畢業若仍難捨飛行夢，就返台報考國籍航空培訓機師的資格，靠自己力量追夢也不遲。

爸媽無條件支持孩子，出發點沒有錯，但也可能養成理所當然的心態，剝奪了孩子獨立自主、為目標奮鬥的動機跟鬥志。帶領孩子選擇科系的過程，身為爸爸的我，理性分析多於感性支持，我雖熱愛冒險，但只冒計算過的風險，有夢最美、但現實相隨。年輕人在摸索方向的階段，需要爸媽的經驗跟智慧，但Don't be an old man, be a wing man. 孩子飛得更穩。

被打出來的巴掌臉

不用打罵也能管教好孩子

在主播台工作十餘年，許多觀眾看到我本人第一個反應都是「哎呀！妳本人怎麼比電視上瘦這麼多？」

「天啊，妳的臉好小喔，不折不扣的巴掌臉。」殊不知這些恭維的話，背後是多少我的心酸血淚，因為我的巴掌臉，真的是被媽媽一巴掌、一巴掌，打出來的。

★因要求而產生的壓力

我的媽媽，是大家口中的小媽媽，二十歲不小心有了我，奉女成婚。

我的媽媽，來自單親家庭，從小被當成人球一樣、寄人籬下，她很渴望一個屬於自己的家，生了我和弟弟之後，更是把我們當成她人生最傑出、最驕傲的作品，對我們的要求異常嚴格。從小栽培我學繪畫、書法、鋼琴、英文、作文、合唱團，甚至是國樂琵琶，對我和弟弟的考試成績要求是「少一分打一下」。

記得國小的時候一共有八科，我曾經創下段考八科都是一百分、學期末總平均也是一百分的輝煌紀錄。沒多久就考上了資優班，還傳授考試技巧給弟弟，隔年弟弟也錄取，家有兩個資優生，讓媽媽走路有風，人人稱羨。從此以後，我們成為親戚鄰居之間的「看板人物」，誇張到同一條巷子有小Baby出生，指定要跟我們取同樣的名字，模範小孩的形象不能、也不容許發生「質變」。

記得第一次挨巴掌，是因為一次難得的家族旅行。出國當天，我和弟弟爭奪一個行李箱，再拉拉扯扯下去就會錯過登機的時間，媽媽走過來「啪」一個巴掌落在我的臉上，用「大讓小是天經地義」的說法想要解決我和弟弟的爭執，沒想到我因為太委屈，躲進房間、鎖上房門，大吼一句，「你們自己出國，我不去了。」這下完蛋了，媽媽瞬間神經崩裂，竟然衝進廚房拿了一把菜刀，瘋狂地砍我的房門，我摀著耳朵都能聽到菜刀剁木板的「咚咚咚」，恐怖的氣氛不輸電視影集「陰屍路」。

我簡直不敢相信這種八點檔灑狗血的劇情，怎麼可能發生在我的家裡？在巨大的壓力下，我哭著打開房門，媽媽的臉像是扭曲的巫婆和瘋婆子，不但把手上的菜刀用力地擲在我的腳前，又用尖銳的指甲和更多的巴掌把我打出房門、押著我到機場。那是一趟菲律賓之旅，我已經不太記得去過哪些地方了，只記得沿途不斷被同行親友追問，「為什麼你的臉上一堆的傷痕？」

★舊時代的打罵教育

上國中以後，我的青春期來臨，無數次演講比賽的磨練讓我更加伶牙俐齒，幾乎是媽媽說一句，我頂九句（一言九「頂」的意思）。我跟媽媽的衝突越演越烈，她對付我的武器也越來越「多元」：鐵製的衣架、黃色塑膠水管、抓癢用的「不求人」（竹製抓耙子）、打麻將用的牌尺，甚至是高跟鞋，都在我身上留下過斑斑痕跡（只能說張媽媽很有創意）。

到了高中，我被打得更慘，因為弟弟一如預期考上建中，不才的我，公立高中考不上，讀了超昂貴的私立女校，成為家中經濟的拖油瓶。更糟的是叛逆如我，還在此時期偷交男朋友被教官逮到。完蛋了，從此以後，媽媽都用賞耳光跟我溝通：態度不佳，打，「啪！」成績不好，打，「啪、啪！」電話講太久，打，「啪、啪、啪！」晚一點回家，打，「啪、啪、啪、啪！」就這樣一巴掌、一巴掌，把我打成巴掌臉，一直打到我大學畢業。

★從過往經驗中修正方法

你可能會問，「不恨嗎？不逃家嗎」如果當年有113家暴專線，我應該會成為重度使用者，巴望哪一天能被好心的社工拯救。至於為什麼不恨、不逃？是因為我對媽媽有很深的理解。是的，那些年，媽媽特別辛苦，爸爸在台灣欠下一屁股債、我們唯一的家被法院查封，爸爸到對岸一邊躲債、一邊尋找工作機會，還差點被二奶拐走，媽媽死守台灣、捍衛家庭，更母兼父職，把全家的經濟重擔一肩挑起。她要付我和弟弟的學費、要還銀行二胎房貸的鉅額利息、起好幾個互助會，焦頭爛額的媽媽蠟燭多頭燒，已經沒有時間訴苦，沒有時間用愛的言語跟我們慢慢溝通。

她種種激烈的反應都是在發洩、反映她對生活（或對自己人生）的不如意。幸運的是，我身材比媽媽高，學歷比媽媽高，EQ比媽媽高，薪水、婚姻、家庭都比媽媽順遂，對媽媽的處境，我有著說不出口的心疼和憐惜。或許她有的資源不多，但她已經把最好的都給了我。那些年數不清的耳光不但沒有把我打跑，反而更加印證「棒子底下出孝女」，對媽媽的培養和高要求，我衷心感謝，謝謝她「打」出我的錦繡前程。

《聖經》箴言29:15，「杖打和責備能增加智慧；放縱的兒子使母親羞愧。」《史記》律書，「教笞不可廢也。」看起來不論東西方，都有許多父母主張不打不成器。民法第一〇八五條更是明訂，「父母得於必要範圍內懲戒其子女。」但前提是，這個懲戒必須是基於保護、教養所必要的範圍內，手段要適合於教育子女的目的，且關係要相當，如果逾越，在刑法上就可能構成犯罪。

那麼，自己當了媽媽以後，我打孩子嗎？「當然不。」我發誓絕不重蹈覆轍，絕對不打小孩。在我們家，有一些比打罵更好的方法，比如罰他們去運動，操場跑個兩圈，鍛鍊身體，一兼二顧；又比如處罰做家事，水槽內堆積如山的碗盤都由犯錯的人負責洗；還有在牆角的十字架下罰站、面壁，做錯什麼，自己去跟上帝悔過。

跑新聞的採訪經驗告訴我，經常被打的孩子往往會出現以下幾種特質：第一，恨父母。關係冷淡，有心事不會和父母說，寧可不斷往外跑，也不願意回家待著。第二，脫序行為。抽菸、翹課、打架、吸毒、墮胎樣樣來。第三，找機會報復。在家偷錢、欺負更小的弟妹或寵物，長大後更不可理喻，反社會人格、濫用暴力、不負贍養責任、棄養父母……。

你還在打孩子嗎？打不是情，罵也不是愛，拜託，手下留情。

永康&珮珊的心底話

- 爸媽的責任就是當孩子看不清時，幫他點一盞明燈。大學科系的選擇關乎職涯發展，爸媽需要的不只是感性的支持，也需要理性的分析，更需要愛的智慧。
- 焦頭爛額的媽媽蠟燭多頭燒，沒有時間用愛的言語跟我們慢慢溝通。她種種激烈的反應都是在發洩、反映她對生活的不如意，對媽媽的處境，我有著說不出口的心疼和憐惜。

獨家報導

12

跟孩子成為朋友

如何培養孩子的安全感？

12

跟孩子成為朋友

游泳教會我的事

我懂你，不是嘴上說說而已

大學當了四年游泳校隊，混到跟游泳池老闆成為朋友，甚至後來夏天就去兼差當救生員跟教練。教小朋友學游泳最重要的一點是，必須讓他們先有安全感。

例如，在泳池中放置長板凳，讓小朋友從板凳上奮力往前一跳，立刻把他們接住，然後慢慢拉長跳躍的距離，狗爬式踢個幾次水，再接住他們。

還有，教練雖然身高比較高，但在水中最好蹲低一點、只露出頭，讓孩子感覺教練的視線高度跟他們相同，這會有一種莫名的安全感，讓孩子比較勇敢跨出第一步。沒想到，日後這套游泳教學的一些小技巧，竟成了教養路上的觀念。

★跟孩子的共同回憶

由於熱愛水上活動，夏天我就喜歡往海邊跑。婚前珮珊常被我拉著到處浮潛，兩人還考了潛水執照。珮珊的泳技不怎麼樣，但下了水只要搭著我的肩膀，就可以盡情在海中遨遊。

對她來說，我就是水中的電動馬達，因此被珮珊譽為「海王子」，只是這個頭銜後來易主，兒子Ethan從小也展現對水上活動的熱愛，泡在澡盆裡，他可以跟黃色小鴨鴨玩一個小時，而且同一隻鴨可以從三歲玩到八歲，也算是鞠躬盡瘁了。上了高年級的Ethan身材圓潤，水中泳姿像極了一頭海豚，「海王子」的稱號從此歸他，我也名正言順地升格成為「海龍王」。

其實，我沒認真地教過Ethan游泳，但他的擺腰扭臀、在水中的速度，足以ＰＫ掉全班同學，順理成章被推派參加校內游泳比賽，然後一如預期被校隊納編。把游泳當興趣是一回事，但參加比賽為校爭光又是另一件事。小學校隊的練習量完全不馬虎，一天四千公尺是家常便飯，這跟我當年大學校隊每天的練習量差不多。我完全可以理解Ethan的辛苦，但不能光用嘴巴說，我要讓兒子知道，爸爸是真的了解你的感覺。

游泳隊的訓練不能耽誤課程，那段時間我陪著兒子清晨五點半起床，六點到學校集合暖身，孩子們跳進冰冷的泳池，不少家長們就在岸邊排排坐、開始滑手機。我突發奇想，旁邊的水道都空空的，為何不順便健身運動，陪著兒子一起游呢？於是我跟教練商量，家長可否自己也購票下水，教練嘴角露出笑容說，「岑爸爸，不如我把每天訓練的菜單也給你，看看你會不會進步。」就這樣，每天晨泳時光成了我跟兒子獨有的共同記憶。這麼做是希望Ethan明白，他經歷的水溫、辛苦、努力、挫折、想放棄的念頭，爸爸完全能體會，因為我們一起經歷，I feel you.

★倒吃甘蔗的甜美和收獲

Ethan國小高年級那兩年，我們全家週末的活動經常是陪著他到處參加大小比賽。

一早去看台佔位子，等檢錄出賽、吶喊加油，然後以吃大餐慶祝結束充實的一天。上國中後，因為課業壓力，加上搬了家、往返距離變遠，跟兒子討論後決定，國一下學期退出了游泳校隊。當下累得半死，回頭看都是美好的果實。

游泳校隊高強度的訓練，讓Ethan改善過敏體質、強健體魄、早睡早起、生活規律，這些都是生理上顯現出來最基本的成效。更重要的是，讓Ethan有了面對挑戰的抗壓力。對選手來說，從排隊檢錄到站上跳水板等待鳴槍，短短幾分鐘卻是身心煎熬，**It is getting around to doing that scares you, not the doing.** 讓你懼怕的從來不是去完成挑戰的過程，而是面對挑戰的前夕、自己的心魔。

孩子懶散、沒有目標、缺乏自律，怎麼辦？順著孩子的興趣，在他身邊安排幾個好朋友當暗樁，一起加入一個帶有競爭性質的團體運動項目，過程可能三不五時會浮現放棄的念頭，爸媽們請想辦法用各種誘因讓孩子堅持一段時間，等團隊一起流汗努力培養出革命情感，同儕間的榮譽感會讓孩子更加主動自律，轉變絕對看得見。

人不輕狂枉少年

孩子哪有不NG，從錯誤中學習！

過去兩年，為了陪讀又能偶爾主持活動，我經常往返在台灣和紐西蘭之間當空中飛人，遇上疫情，光是隔離就整整隔離了七趟。

一天夜裡，在我下榻的酒店電話突然響起，眉頭一皺，這時候來電通常沒什麼好事。果不其然，電話那頭的兒子明顯地壓低了聲量欲言又止，支支吾吾地說，「媽媽，真的很對不起，我偷開妳的車出門被老師抓了。現在我在某某自然公園，老師把車扣住，要求家長來接人。」

那年兒子十七歲，剛剛拿到紐西蘭的Restrict License（限制性駕照）。顧名思義，它有嚴格的限制：規定駕駛在夜間十點以後到隔天清晨六點不能開車。而且由於駕駛人經驗值不足，乘客只能是自己的父母或同住家人，不得載朋友或載客。

偏偏兒子明知故犯，我前腳才剛剛離開紐西蘭、短暫回台灣處理公務，他就把我出門前的叮嚀全拋諸腦後，開著我的車載幾位同學去超市採購，準備到一個知名景點露營BBQ。正當他自以為「帥啊」、「好拉風啊」、「這幾個沒車、沒駕照的同學這次全靠我了……」好死不死，才剛剛抵達旅遊景點，停好了車，一位學校老師迎面而來，用狐疑的眼光打量著他和同學，然後兒子美好的計畫瞬間見光死，從天堂掉到地獄，像個消風的氣球，打電話向我懺悔和求助。

我忍住不動怒問他，「你朋友知道你現在的駕照狀態不能載人嗎？」他沉默了一會兒，才輕輕地說，「不知道……」

「所以，你對他們說謊了？」兒子不講話。顯然他為了面子，謊稱自己是擁有Full License的老司機。「或許你可以為自己負責，但你如何為車上的乘客負責？這絕對不是一個好朋友的做法。」兒子擠出了一個「嗯」字。

「今天只是碰到老師，違反校規，如果是碰到警察，那就是違反法律了。何況如果出車禍、受傷了，甚至丟掉性命，你有沒有想過媽媽會有多難過、多傷心？媽媽在乎的不是罰單罰責，是你的品格和安全。」電話那端出現抽抽噎噎的鼻涕聲，我知道他自責地哭起來。暫時先掛了電話，我還在隔離中，只能先請一位移民紐西蘭多年的好友代替我去接他。

幫孩子從犯錯中找到解決方法，而不是對自己失望；教他學會為自己的錯誤負責，遠比懲罰更重要；從兒子哭出來、不知所措的態度，我已經知道孩子犯錯，其實最害怕的是他自己，我試著回到很久、很久以前的自己，去同理他的感受。

★回想年少的自己也曾輕狂

記得我大一那一年，抽獎抽到一台紅色比雅久的小機車，這簡直是天上掉下來的禮物。我想都沒想，迫不及待催個油門就騎出去玩了。結果好巧不巧，就這麼倒楣，在西門町圓環前被一個警察攔截下來，我不斷向他謊稱我有駕照，只是放在家裡忘了帶出門。這位波麗士大人也很「絕」，他假裝相信我，沒有現場開我罰單，但是直接拔掉機車的車牌，叫我改天拿駕照去找他領回。這事情成為我考駕照的契機和動力，我隔天立刻衝去監理站，花三十元買一本交通安全守則考古題，背得滾瓜爛熟，然後在最短時間內把機車駕照考到手。犯錯，有時也可以成為前進的動力。

神仙聖賢都可能犯錯，孩子哪有不NG？兒子偷開我的車，無非就是想要帥、想早一點證明自己已經長大，司機沒有乘客可載很無聊。每個犯錯的青少年心裡都有個洞，需要靠某個有形的、可以立即帶來滿足的事物填滿，有時就是一時衝動、突然哪根筋不對、興起一個念頭，看看可不可以僥倖不被發現。做父母的得先理解孩子正在歷經這個過程才能幫助他。

我曾經看過一篇報導說，人類的大腦一直要到二十五歲左右才會真正的成熟。青春期的階段，人的腦部構造還在持續發育，功能也不全然穩定，十幾歲開始的青春期一直到大腦真正成熟的階段，都在學習管理自己的行為、控制自己的情緒、解讀他人的需求，和考慮自己行動所帶來的長遠後果。這個歷程就像手排汽車換檔一樣，需要歷經道路上的坑坑巴巴和高低起伏，突發一些狀況才有機會去自我調節，進而減少犯錯。不要害怕犯錯，更不要害怕孩子犯錯，每次犯錯都可能獲得一些意想不到的人生養分。

★父母的態度決定孩子的未來

然而，犯錯當然要付出代價。

事後，學校針對兒子做了懲處，他失去該學期競選校園親善大使的資格，而那是他很在意的一項榮譽。老師還要求他製作一套PPT檔案，在朝會的時候幫學弟妹上「校園版道安講習」（Safety Orientation），平心而論，這是非常有智慧又有意義的懲罰，我滿心感激。

大人對孩子犯錯的反應，一定會影響孩子日後處事的判斷和信念，尤其在孩子第一次出現問題行為時，父母的態度至關重要，會決定孩子的問題行為會縮小還是會繼續擴大？是勇敢面對，從此改過自新？還是消極逃避、自我放棄？或是繼續說謊、粉飾太平？父母的反應決定孩子未來的高度。

給兒子一個擁抱，是我當下最想要做的。先「處理」後「處罰」，讓他知道即使他現階段犯錯了，我們還是愛他，只要他知道自己錯在哪兒，勇於改正，我們始終願意陪伴支持，人生的路還很長，錯了就錯了，面對它，在錯誤中學習，沒有過不去的坎兒。

永康＆珮珊的心底話

- 游泳隊的訓練不能耽誤課程，那段時間我陪著兒子清晨五點半起床，六點到學校集合暖身，我要讓兒子知道，爸爸是真的了解你的感覺。
- 幫孩子從犯錯中找到解決方法，而不是對自己失望；教他學會為自己的錯誤負責，遠比懲罰更重要。

獨家報導

13

你不爽我生氣

如何解決親子間的爭執？

13

你不爽
我生氣

青春可以不叛逆

進入孩子的元宇宙，從收編到圈粉

爸媽們有沒有想過自己多久沒去ＫＴＶ了？拿起麥克風只能點年代金曲？跨年晚會的歌手過半不認識？那你跟孩子可能有代溝了。有病立刻看醫生，有代溝要及時補平，避免越來越疏離。

★先別生氣想想自己

孩子小時候天真又可愛，到哪裡都拉著你的手，但好景不常，十幾歲就變臉，不給抱、不給牽、口氣差，你用一根食指指著他說道理，他還給你五根指頭外加手掌心。孩子步入青春期，爸媽乾著急，跟長了青春痘的孩子溝通，就像看火星文一樣，有看沒有懂，有溝沒有通。兩代交手多年，我領悟到一個真理，「既然老子吃過的鹽絕對比小子吃過的米多，那爸媽的智慧跟修養，應該完勝乳臭未乾的青春少年，所以要先調整心態跟做法的是爸媽！」

每當親子衝突、被激怒到爆發的邊緣，我會先抽離現場一分鐘，想想若是同樣的年紀、相同的情況，當年青春叛逆的我會如何跟我的老媽（孩子的奶奶）頂嘴？光陰歲月跑馬燈，腦海畫面出現高中的永康，打了三個耳洞；研究所的永康，一頭飄逸長髮，桀驁不馴，一開口就可把我的老媽氣個半死，討人厭的程度跟Sammi與Ethan無法相比，因為完全不在同一個級別！

抽離一分鐘結束，鏡頭拉回現實對比，眼前的孩子，段數跟氣勢實在差太遠了，當下心境就從盛怒快速轉為欣慰，怎麼連頂嘴唱反調都這麼弱？倒是擺臭臉的表情跟語氣有點複刻年少的我，看著看著，竟不覺莞爾。

★從孩子的興趣開始了解

想摸清青春期孩子的腦袋，就得加入他們的世界。

韓國女團Twice圈粉無數，女兒Sammi國中有段時間常對著鏡子，配著音樂練習Twice的舞步。有天我心血來潮亂入，跟著節拍在後頭跳，剛開始，女兒根本懶得搭理，反倒我越跳越起勁。話說，婚前我可是公認走跳江湖的夜店咖，Locking、Poping、Swing、只要給我一個Beat，整個舞池都是我的伸展台，雖然我不知道Twice的Move，但手腳靈活的老爸後來成功獲得女兒關愛的眼神。

珮珊一旁拍下過程PO臉書，舞棍阿伯與美少女引來媒體報導，瀏覽人數竟破兩百萬。女兒的同學們看了影片覺得有趣，我就算沒將女兒圈粉（其實我覺得有啊），至少也讓美少女對老爸另眼相看。

後來節目邀約參加親子才藝競賽，Sammi跟我一起挑選曲目、排時間練舞，想想有點荒謬，當年夜店流過的汗水，多年後竟促進了父女情感，用舞步化解了青春期的摩擦，果真人生沒有用不到的經驗。

相隔幾年，女兒Sammi在紐西蘭上了大學，有回從台灣啟程前往探望的前夕，我提出一個要求，希望女兒單獨帶我去五個私房景點，包括媽媽、弟弟、朋友都不能同行，單純屬於父女倆的獨處時光。

我想趁這難得父女獨處的機會，以過來人的經驗告誡她，這年紀周邊的男生腦袋大都不清楚，常說一些自己做不到的承諾，一肚子壞主意，提醒Sammi學會保護自己，這是一種「有些話，我只想對妳說」的氛圍，「有一些想法，只有我跟妳知道」的默契。

經驗告訴我，離開家換個環境，一對一談心，相對容易跟孩子建立彼此的信任感。意外的是，幾次前往私房景點的路上，女兒話匣子一開，交友選擇、理財規劃、未來職場，我們竟都能聊得深刻、言之有物，讓我更認識女兒，也更加放心。

★青春期與更年期的相遇

親友圈中我們算結婚生子較早的，Sammi和Ethan的年紀也比親友孩子年紀大一些，每次聚會總有一堆孩子追著Ethan哥哥跑，經常成為臨時保母，個性溫和細心、口碑好，顯然走的是陽光暖男路線。

跟女兒相處不太一樣，父子檔獨處的機會太多，我們是打球、游泳、看NBA的最佳夥伴，就算全家一起看哈利波特、星際大戰，最後媽媽跟姊姊都會睡著，只剩父子倆津津樂道討論劇情。由於有很多共同的興趣和話題，為我們的親子溝通打下了良好的基礎。成長的路上，我盡量融入孩子的世界當朋友，但也從來不弱化父親該有的訓導主任角色，恩威並施。

當Ethan進入青春期，發現他其實心裡更渴望得到爸媽肯定，這點珮珊做得比我好很多，從不吝嗇給孩子讚美跟掌聲；說好話往往比斥責更能造就孩子，而我也慢慢學會，面對青春期的衝突要更顧念孩子的面子；發生歧見，爸媽主動提供解決的選項，讓孩子有台階下。

我們也從不在外人面前數落孩子的過失，需要改進的部分，回家關起門講，簡單說，好像珮珊怎麼對待我，我就怎麼對待兒子，青春期的問題總能迎刃而解，看來青春期跟更年期的病源相同，都是要面子勝過裡子。

青春期的孩子跟同儕關係密切，不論稱兄道弟或情同姊妹，背後的意涵就是我挺你、我懂你，若孩子也能相挺爸媽，該有多好！

這並非不可能，但爸媽得要突破自己的心防，你有勇氣跟孩子分享難處、擔憂、甚至示弱嗎？例如原本規劃好的假期，被突然臨時的工作邀約打斷，我跟孩子解釋的時候，會請他們幫我分析利弊得失，若換位思考他們是爸爸，會如何做決定？承認自己非萬能、不完美，有機會贏得青春叛逆的同情票，只要能達成溝通的目的，過程放低一點姿態又如何？爸媽依舊是爸媽啊！

Ethan國中寫了張卡片，「謝謝爸爸教會我釣魚、算數、時間觀念、潛水、安排旅遊、敬拜、打麻將、交朋友、愛家……」父母生活中的身教就是孩子的榜樣，夫妻感情好、家裡有愛，孩子青春期也不會叛逆到哪裡去。

我也要謝謝孩子，讓我又經歷了一次青春，讓我認識了好多YouTuber，去了好多網美打卡景點，連到KTV也能點唱排行榜新歌，不再只是低頭吃滷味拼盤。

13

你不爽 我生氣

讓愛越吵越濃有方法

成長路上沒有輸贏，用愛心說大白話

《聖經》裡有段經文是這麼說的（彼得前書3:1），「你們做妻子的，要順從自己的丈夫。這樣，即使有不肯信從這話語的丈夫，他們也會被感化過來，不是因著妻子的話語，而是因著妻子的品性。」我跟永康結婚二十多年，每有摩擦，腦海中總會浮現這段箴言，先順從他（安撫），再想方設法感化他（說服）。

★對事不對人才能解決歧見

當過新聞主播，我們很清

楚「對事不對人」的原則，要吵架可以，請就事論事，而且不得溯及既往，純粹就剛剛的衝突討論。千萬不要把上一次、上上次、很久很久以前的不愉快又拿出來講，而且絕對不要說「你每次、你老是、你總是」。習慣翻舊帳不但不能解決問題，而且代表你根本已經認定這個問題根深蒂固、無法解決，甚至你壓根已經否定了另一半，覺得他就是那種人，那花再多唇舌力氣爭論，只是白白浪費彼此時間。

在我們家吵架，我一定先說「對不起」。如果說一次，對方不滿足，那我道歉兩次、三次。並不是我一天到晚做錯事，也不是我認輸，而是我比對方更重視這段感情，我願意先放下傲氣和自尊，反正說對不起又不花錢。如果「對不起」這三個字，能夠讓氣氛緩和下來，讓對方態度軟化、願意跟你開啟溝通，何樂而不為？把脾氣拿出來，那叫做本能，把脾氣壓下去，才叫做本事。我們家有幾個具體辦法，讓吵架不傷感情、甚至有機會越吵感情越好。

★第一招易位思考

要認清吵架只有「角度問題」，不是「是非問題」；不要去計較誰對誰錯，而是換個角度、設身處地。比如女兒高中有回和男校學生出去聯誼，她穿了一件平肩短上衣、迷你裙、中空一截、性感部位若隱若現。我二話不說立刻數落她，「要死了，妳穿這樣去哪裡？會不會太暴露？妝會不會太濃，去唱戲喔？」永康更是緊張到眼睛不知道該看哪裡？默默去更衣間抓了一件Oversize的外套，示意她立刻套上。女兒嘟噥著嘴回說，「我覺得這樣很好看啊。」一副現在很多人都這樣穿、幹嘛大驚小怪的表情。我跟永康立刻眼神交流，暫停責備，易位思考。

回想當年，我們也曾經是十八歲的花樣少女、翩翩少年，不也曾經一窩蜂地盲從流行？學日本早安少女組，穿那種醜暴、比象腿還粗的白色泡泡襪，學郭富城梳中分頭，把浪子膏一坨坨往頭髮上抹，每個年代對好看的定義不同，要給孩子時間，讓他們自己去經歷這糊里糊塗的摸索期。換位思考理解她之後，也要讓她理解我們身為父母的想法，讓她知道我們之所以會有這樣的反應，是擔心她吃虧、被年輕男孩佔便宜。

所以我快速地問了她兩個問題，「第一，今天的穿著打扮符不符合妳想要給別人的形象？第二，如果有人伸手，想摸摸妳露出來的地方，妳怎麼辦？」Sammi回答，「放心、放心，我有抓一件罩衫放包包裡啦！而且我只是小辣，我閨蜜們是大辣！」從她的回答可以判斷，她有經過深思熟慮，認為應該足以讓我們寬心。雖然我的內心還是在跟自己協調要努力嘗試不太干涉女兒的穿搭，年輕人總有自己的品味，但我還是必須教育並確認她有足夠的安全意識，這是我的責任。

然後我會刻意用很誇張的語調大力讚美她，「唉喲，我的女兒這麼美、身材這麼好，萬一被蒼蠅盯上怎麼辦啦！」讓她知道我愛她，才更聽得進去我的話。

★第二招用書寫取代對話

台語說得好，「相罵無好話。」人在氣頭上說出的話往往都很難聽，所以每次我跟永康有爭執，我就衝進浴室，拿起牙刷認真的刷牙。千萬別小看刷牙這個動作，它至少有幾個功能。第一，離開現場，各自有個小小的空間冷靜一下，不要硬碰硬。第二，一邊刷牙，清涼的牙膏和冷水有助大腦降溫、冷靜情緒，提醒自己一定不能口出惡言，離婚這種字眼絕對不能說出口，刷個牙就能瞬間保持清新，多說好話。

這些年，永康也一直練習用Line、傳簡訊，取代言語交鋒。以前他一生氣，會長達好幾天不想跟我講話，但現在五分鐘不到就氣消，是因為他發現，當他利用簡訊或文字跟我溝通時，會延長思考，讓他下筆字字斟酌謹慎，文字不但能更精準傳遞自己當下的想法，更可以淡化盛怒的情緒，降低語言衝突的殺傷力。

我看過太多夫妻、家人，這輩子都在埋怨對方、數落對方的不是，都說是「上輩子相欠債」，但埋怨就像騎木馬，它只是暫時讓你有個事情做，不會讓你前進，更不會讓你們的關係前進。

★第三招拿出新聞手板

你或許很難想像，遠看我們夫妻吵架，會以為雙主播在報新聞。因為我要求自己說話不帶怒氣，而且擅長跳過衝突點、直達終點解決問題，我使用的道具就是播新聞的「手板」（手舉牌）。面對衝突，隨時準備一個手板列出具體的解決方案。

比方有一次週末永康已經訂好全家出遊的行程，但我突然想起，星期六我臨時答應上一個談話節目的通告。永康精心規劃的行程全被打亂，他超不爽，開始碎碎念。

這時我就會不疾不徐地說，「永康，我知道你在氣頭上，但這事情沒那麼嚴重啦。」永康則會反駁，「不是早就告訴你，我們這週末要去墾丁嗎？妳怎麼會忘記呢？這樣開下去都幾點了。」

我一邊安撫他的情緒，一邊振筆疾書在手板上寫出解決方案。「對不起啦，你安排的家庭旅遊一定很好玩，我超級期待（大力稱讚、肯定）。然後我有幾個解決方案（拿起手板給永康看）：第一個，改外帶，在車上吃，節省時間。第二個，我跟你輪流開車，讓你不會這麼累。中間有一個景點，我們上次才去過，又有點繞路，建議可以跳過。第三個，這次的節目通告費說多不多、說少不少，等於製作單位出錢請我們住飯店，你說這樣好不好？」

永康嘴角微微抽動、上揚，我更加確定列出這三個具體的建議讓對方有台階下，又有選擇權，絕對比一來一往鬥嘴吵架，對解決問題更有建設性。

★第四招用禱告和好

我們家很重視睡前的時光。我們會一家四口擠在主臥一張King Size的大床上，簡短地聊聊今天各自發生的大小事。三分鐘有品質的睡前溝通，勝過三小時毫無交集地綁在一起。洗完澡到上床睡覺前，是身體最放鬆的時刻。

記得有一次，兒子在睡前禱告的時候說了內心話。他說，「親愛的天父，我覺得爸爸今天有點激動，沒有聽我說明事情的始末就不分青紅皂白地罵我，說我的時間管理有問題，希望祢能幫助爸爸變柔軟，讓他答應我去參加同學的生日趴，謝謝主，阿門。」這臭小子知道草船借箭，白天不敢啟齒，特別趁睡覺前的禱告跟天上的大老闆告他爸爸一狀。好啦，這麼可愛的禱告詞如何拒絕？爸爸只能瞬間軟化、答應他啦！

牙齒都會咬到舌頭，何況是同住一個屋簷下的家人？不是不能吵架，而是要在愛裡頭吵架，然後用你們自己的方式和好。

永康＆珮珊的心底話

- 成長的路上，我盡量融入孩子的世界當朋友，但也從來不弱化父親該有的訓導主任角色，恩威並施。
- 讓吵架不傷感情，甚至有機會越吵感情越好。第一招易位思考，第二招用書寫取代對話，第三招拿出新聞手板，第四招用禱告和好。

獨家報導

14

從家庭到校園

如何協助孩子融入群體不做豬隊友？

14

從家庭到校園

懂得抓住關鍵要素

我就是你要的人！令人心動的自傳

情書之所以動人，是因為背後充滿了濃濃的賀爾蒙，嘔心瀝血寫下的文字，就是希望打動對方接受你。申請大學的自傳也該有著同樣的處心積慮，讓校方在有限的篇幅中對你相知相惜，在成堆的申請書中，認定可跟學校共創璀璨的人，非你莫屬。

★知己知彼百戰百勝

兒子Ethan在紐西蘭申請大學，當時鎖定了梅西大學的航空系跟奧克蘭大學的工程系，我要求兒子先研究兩個學校的特色以及系所學程的規劃，挑一、兩門最有興趣的課程寫進自傳中，向校方說明這些課程以及學校的核心價值，對他未來的職場目標有何幫助。

我曾在大學兼課，同學若在第一堂課就能把這門課的內容跟期待講清楚，那可比說「老師比電視上還帥」，更能讓我留下好印象，當然，若清楚課程又說老師帥，那必定是天選之人，未來在媒體公關界必定如魚得水！

這跟職場投履歷的概念一樣，越明白公司期待、工作內容，越能清楚說明自身能力為何足以勝任，越容易獲得主考官青睞。所以自傳必須依不同的系所量身打造，千萬別用同一份自傳，寄給所有申請的學校打通關。

梅西大學航空系在書面初審過關後，另外安排面試，學生開場有五分鐘自我介紹。我請Ethan整理高中階段的特殊經歷照片做成PPT檔案，藉此凸顯自己適合朝飛行員的職涯發展。例如曾擔任籃球隊長，善於居中溝通隊友間的矛盾，協調團隊的練球行程；取得救生員證照，代表能滿足要求紀律的訓練課程，而溝通跟紀律都是擔任飛行員重要的條件。

我提醒Ethan掌握自己的優勢，向負責招生的評審老師自我推銷。一開始，兒子還嫌老爸有點囉嗦，覺得這些要求有些多餘，因為學校方面試並沒有要求做PPT。直到面試當天，Ethan才知道薑是老的辣，爸爸的囉嗦一點都沒錯，因為同場參加面試的每一位同學也都準備了精美PPT自我介紹。Ethan說，剛開始有點緊張，還好PPT每一頁都有重點提示，幫助他梳理了邏輯、順利表達，成功完成面試。

國外名校的學生來自四面八方，想脫穎而出，必須讓校方認為你就是他們要的學生。高中成績跟語文鑑定考試的分數是最基本的門檻，但這些數字無法說明你是誰？有什麼人格特質？

所以，課外活動表現、得獎作品，就成了區隔的差異，而缺乏自我包裝行銷的能力，剛好是台灣學生相對比較弱的一環，大多學生就是依照學校要求寄送相關文件，但其實依照每個學校系所的特色寫「客製化」的自傳，甚至額外寄送作品集、簡歷跟推薦信，都是加分的做法。

★應變進退要彈性調整

轉學生都需要時間適應新環境，何況到一個陌生的國度，面對不同的語言、膚色、文化，更需要適應技巧跟一顆強大的心臟。

國外課堂上的自由奔放，對習慣循規蹈矩的台灣學生來說，是個不小的文化衝擊，這點我比孩子的感受更強烈，當年去美國念研究所，英文的表達能力自然比不過老美，偏偏就讀的科系又是靠一張嘴跑江湖的傳播媒體。

剛開始，曖曖內含光的態度吃了不少悶虧，例如研究所許多課程使用研討會的形式進行，沒有考試，課堂上發言的參與度跟作業是打成績的依據。教授在課前會指定閱讀的文章跟議題，學生自行研讀並找資料強化觀點，上課時發表高論。

在這種研討會的課，我常被動地等待教授點名發言，但慘的是，常常點到我的時候，剛好議題不熟，熟的議題卻沒點我，兩堂課過去，我心想完蛋了，這樣下去期末成績肯定滑鐵盧。第三堂改變策略，聊到我熟悉的議題立刻主動舉手插播，下課休息再主動上前找教授補充一些漏掉的觀點，不怕說錯，就怕沒說，搏取印象分數。

★開放心態消弭文化隔閡

高中青春期血氣方剛，讓我比較掛心的不是孩子學業表現，而是可能遇上的校園霸凌。姊弟倆入學前我耳提面命，遠離頭痛人物、行事保持低調，若真遇到麻煩，立刻報告老師，絕對不姑息養奸。還好，比起美國校園的「多元」，紐西蘭學校的氛圍溫和許多，算是小綿羊牧場。

Ethan進學校不久就加入了籃球校隊，隊友每個都是高頭大馬的風雲人物，他說平常跟隊友走在一起很安全，根本沒有人會找他們的麻煩，Sammi則是善用午餐時間經營人脈，她說吃飯、聊八卦是擠進小團體的最佳時刻，姊弟倆有著爸媽的DNA，對新環境不怕生又充滿好奇，很主動熱情地去跟周遭的人打招呼、自我介紹認識新朋友，邊緣人的感受他們永遠Get不到。老爸傳承當年的求學經驗給姊弟倆，然而他們適應的能力超乎預期，有著自己的生存邏輯，看來我是多慮了。

到紐西蘭念高中的頭半年，我們對姊弟倆的課業成績並沒有太多要求，畢竟從中文課本變成全英文，本來就需要花一番功夫適應，不過我們期待姊弟倆盡量參與社團活動，拓展交友圈是融入當地生活最重要的途徑，爸媽能從旁協助的就是偶爾開放客餐廳，搭配珮珊精心準備的下午茶，邀請同學們來家裡聚會討論作業，一方面讓姊弟跟同學的感情增溫，一方面掌握過濾交友狀況，若有渣男像蒼蠅在旁邊飛來飛去，難逃爸爸的法眼，一兼二顧。

幸運的姊弟倆初到異地有媽媽伴讀，度過人生地不熟的階段，孩子自認在校園生活中並未經歷文化衝擊，若真要挑幾個讓他們訝異的體驗是：午餐沒什麼熱食，永遠三明治加冰涼的沙拉，常吃不飽，另外，交往中的男女同學手牽手一起上學是常態，在走廊或操場上親親也不會有人管。

Ethan有段話形容留學海外的體驗，說得很貼切，他說，「如果習慣負面思考，可能會覺得別人都在歧視你、欺負你，這跟有沒有出國沒關係，但若心態開放，保持自信、開朗、熱情，正向思考，其實願意幫助你的人很多。」

14

作育英才的諄諄教誨

那些年我們對不起的老師們

我跟永康連續主持了十三年的師鐸獎頒獎典禮，見證無數百年樹人的案例，這個世界上，有些人跟你沒有血緣關係，卻把你當自己孩子對待，那就是老師。遇到一位好老師，真是一生的恩典。

我高中就讀於台北縣（現在的新北市）的八里聖心女中，那是一所注重全人教育的教會學校，學費不便宜，每次懇親會校門口都停滿了很氣派的黑頭車。偏偏那幾年，父親工作不順、捉襟見肘，拿到註冊單，媽媽總是急得像熱鍋上的螞蟻，到處找親戚調頭寸。

★充滿感念的師長與恩情

高中住校三年，我在學校成績普普通通，但非常活躍於參加各種活動，擔任校刊社的社長、學校司儀、軍歌比賽指揮、英語話劇主角，每隔一段時間就帶一張獎狀回家給媽媽「聞香」，多采多姿的校園生活讓她從此放下心中大石。

高一那年，我在校內的朗讀比賽拿了第一，演講比賽冠軍、作文比賽也拿了特優。高二那年，很自然的，代表學校參加台北縣的國語文競賽，陳擎虹和陳鳳幼兩位國文老師犧牲自己的休息時間，幾乎是用「交換日記」的方式每日批閱修改我的作文，在報紙上閱讀到好文，還剪報影印給我參考。皇天不負苦心人，我拿下了北縣第一名。高三那年得同時準備聯考和省賽，跟來自全台灣各縣市的冠軍競爭，如果拿下全國第一名，就可以跳過大學考試直接保送入學。為了搶那唯一一席，連當時的陳宗樑校長都出動替我「密訓」。

每天中午食堂用完午餐，我帶著一本小筆記本到陳校長的宿舍集合，他會現場出一個題目，給我十分鐘思考起承轉合等重點綱要，接著便即興發揮五分鐘的演說，校長會再針對內容給予我意見回饋。練習的時候，校長夫人還會進廚房替我特調一杯酸酸甜甜，加了柳橙、檸檬、蜂蜜，還有整顆生蛋黃的蛋蜜汁，助我護嗓潤喉。

有一天校長叫我對著一面長鏡練習，調整站姿，結果發現我的黑皮鞋從高一穿到高三，早就磨損斑斑，襪子也不夠整齊白亮，立刻幫我請公假，帶著我到鄰近學校的菜市場買新鞋、新襪，隨後每一場比賽，校長都親自領著我「出征」，他就像個老爺爺坐在台下為孫女加油打氣。雖然最後我以全國第二名的成績跟第一名失之交臂，沒有獲得保送大學的資格，但校長傳授給我的抑揚頓挫、溫暖真摯，卻是一生受用。

我能在大學還沒有畢業前就已經坐上主播台，絕對是因為那段時間老師們為我扎下的根基，他們都沒有必要對我那麼好，但他們就是對我這樣好。陳校長過世之後，我再也沒有喝過蛋蜜汁，不是我害怕蛋黃的腥味，而是害怕喝到深深思念、無盡感謝的淚水。

★有口無心的童言童語

等我自己當了媽媽，開始要面對「孩子的老師」，那又有數不清的故事。

有一天，我去兒子就讀的幼稚園接他下課，當時下著傾盆大雨，老師撐著一把大傘、牽著他的小手手走出校門，把他交給我。沒想到兒子一看到我，立刻迫不及待地指著老師對我說，「媽媽，這個就是我跟妳說很胖、很胖的老師。」天啊，當時我漲紅了臉，實在太糗了。我立刻制止他，「怎麼這麼沒禮貌，你要說老師很健康知道嗎？」臭小子點點頭，立刻改口，「老師，我覺得妳不胖，」然後突然拉高分貝，用更大的嗓門繼續說，「但是，妳的咪咪真的好大喔！」幸好這位女老師不但不覺得兒子沒家教，還把這個笑話講給其他家長聽，我衷心感謝老師，其實兒子說得一點兒也沒錯，她的「心胸真的很寬大」。

但接下來要分享的這件事，就讓我在教養的路途上耿耿於懷，覺得很對不起。

女兒國三畢業前幾天，突然接到班導打來的電話，她是一位教學認真、管理嚴格的導師，聯絡簿上的「親師聯絡欄」常寫得滿滿的，每天每一位同學幾點幾分進教室都清楚記錄著。電話的那端，聽得出幾分火氣。「Sammi媽媽，我是郭老師，是這樣的，Sammi今天上課不專心，一直偷偷在寫畢業紀念冊的小卡片，我拿過來一看，竟然給我取了個綽號『郭豬』，更離譜的是，她說我是垃圾班導。」我簡直不敢相信自己的耳朵。我聽見了什麼？老師的憤怒、老師的委屈，更聽見女兒的無禮和幼稚。

我在電話線上連連跟老師道歉，「沒把孩子教好，是我的不對，希望老師不要生氣，最近準備會考和畢業典禮大家都累、都煎熬……」，我向老師承諾放學後會和Sammi好好聊聊。

下課後，Sammi背著沉重的書包回到家，果然臉很臭。我告訴她，老師打來，我已經知道了，她眼神閃躲，「嗯」了一聲。

我問她，「妳覺得老師不喜歡妳嗎？對妳有偏見嗎？為什麼會用豬來給她取綽號？」她立刻急著辯解，「那不是我取的，因為老師身材肉肉的，班上調皮的男生都這樣叫她，只是我比較倒楣被抓到。」我又問，「那老師有什麼行為讓妳這麼討厭她？」她開始承認，「其實老師沒有對我不好，只是管很多、有點煩、有點囉唆……」

「有點囉嗦，需要使用到垃圾班導這種侮辱性強烈的詞？」我反問她。她開始遲疑，舉不出任何一個符合「垃圾等級」的例子。

我再問，「媽媽不在妳身邊的時候，老師就是妳在學校的媽媽，她對妳的要求其實跟媽媽是一模一樣的。妳會因為調皮的男生稱呼媽媽垃圾、妳也跟著叫媽媽垃圾嗎？」她用力搖搖頭，似乎懂了些什麼。「妳不滿意妳的老師，也許她更不滿意妳，但她從來都沒有顯露，盡量維持基本的尊重。這個世界上不是所有的事情都稱妳的心、如妳的意，以後進入職場只會有更多的不滿意，要學習別把好惡情緒顯現在臉上。何況明天還要上學，畢業前，還有好幾天都要見面，妳好好想想一時衝動寫下的文字如何收拾？如何面對被妳無心傷害的老師？」

隔天，Sammi寫了一封道歉信。老師也拍拍她的肩膀說，「沒事啦。」畢業典禮當天，老師為每位同學都準備了一個禮物，是一個御守錦囊，上面繡著每位同學的名字，大家排成一排，讓老師把錦囊佩戴在脖子上，我看到老師特別展開雙臂給Sammi一個溫暖的擁抱。

衷心感謝那些願意給機會、原諒孩子犯錯的好老師。那些年，我們對不起的老師，希望有一天我們都能說，「這些年，對得起你。」

永康＆珮珊的心底話

- 高中青春期血氣方剛，讓我比較掛心的不是孩子學業表現，而是可能遇上的校園霸凌。姊弟倆入學前我耳提面命，遠離頭痛人物、行事保持低調，若真遇到麻煩，立刻報告老師，絕對不姑息養奸。
- 我們期待姊弟倆盡量參與社團活動，拓展交友圈是融入當地生活最重要的途徑，爸媽能從旁協助的就是偶爾開放客餐廳，搭配珮珊精心準備的下午茶，邀請同學們來家裡聚會討論作業，一方面讓姊弟跟同學的感情增溫，一方面掌握過濾交友狀況。
- 這個世界上，有些人跟你沒有血緣關係，卻把你當自己孩子對待，那就是老師。遇到一位好老師，真是一生的恩典。

獨家報導

15

出國拚未來

外國的月亮真的比較圓？

鬆開手中風箏線的那一天

放洋求學要提早規劃

兒子收到奧克蘭大學工程系的錄取通知，這一天，是意料中的喜悅，是鋪陳了十多年的連續劇開花結果，一切按照劇本演出。

年輕時誰沒夢想？中年回頭看，多少夢想成了遺憾？若提早量化夢想的代價，分階段攤提成本，有紀律地做資金的準備，有規劃地做心理預備，就有更高的機會築夢踏實。

孩子學齡前，我們全家到紐西蘭Long Stay，每天睜開眼就在想去哪裡玩，姊弟倆嬉戲在藍天白雲綠地間，日子過得如夢似幻。然而一年過去，銀行戶頭只剩台幣十萬，夢醒時分原來我不是李宗盛，無法天天浪漫唱情歌，現實把我們拉回台灣拚經濟，但夢想的種子已經扎根，許願有朝一日，再次跟孩子重返紐西蘭這個白雲的故鄉。

★十年磨劍圓大夢

什麼時候讓孩子放洋讀書？釐清這個核心問題後，才能計算準備的時間、著手規劃財務、慢慢調整工作型態。很多人說，孩子越早出國越好，英文才能講得跟老外一樣溜。但同理，孩子的中文也會講得跟老外一樣遜。中文可是公認的比英文難學習，看過很多移民家庭，不管花多少錢跟精力幫孩子課後補中文，但在海外就是很難把中文學好。

我們認為孩子若未來要在大中華區發展，中文的程度必須熟練到能看懂金庸武俠小說。另外，早期在電視台播新聞，上班族薪水固定，上下班時間固定，生活穩定但變動性不高，我跟珮珊必須思考如何慢慢突破現有的生活框架，找到實踐夢想的可能性。期間，姊弟倆也得加強適應新環境的生存能力，當時討論理想的狀況是等孩子高中畢業，教育基金也準備足夠了，再出國念大學。

放洋時間設定在高中畢業，回頭推算，我們大約有十年的時間準備，先說說孩子的部分，為了讓姊弟倆維持主動學習英文的熱情，我們經常在海外的旅遊行程中交代幾個任務給孩子，例如點餐、挑禮物結帳，讓他們自己體驗說英文的重要跟成就感。

有回在日本迪士尼餐廳，人潮大排長龍，孩子為了確定該排哪一條線才是正確的，直接跑到前方櫃台詢問，沒想到店員聽不太懂，為了避免尷尬，直接把英文菜單交給孩子點餐。這個甜頭讓姊弟倆發現，在日本講英文蠻好用的。

Sammi和Etahn在台灣一路念公立的小學、國中、高中，也沒上過升學補習班學英文，我們選擇送他們去玩樂中學習的YMCA，幸運地碰到好老師，一讀十年沒中斷、老師也沒換，日常的生活中，我們開車聽ICRT、看新聞偶爾轉到CNN，孩子雖然聽不懂，但也會模仿著洋腔洋調。

姊弟倆十歲左右迷K-Pop，等上了國中，我引導他們聽經典英文歌，就這樣，兩個孩子的英文可能沒有國際雙語學校的厲害，但始終樂於學英文，後來到紐西蘭銜接念Y12，完全沒補習也跟得上。

★築夢踏實的設定目標

送一個孩子出國就夠花錢了，我們家有一雙，所以財務規劃必須更早有想法。上班族等長官幫忙加薪，通常等到天荒地老也沒下文，不如靠同業的長官來挖角比較有效率。當然前提是，你必須表現亮眼、績效好。職場跳槽，我們抓到了不錯的機運。

另外，我跟珮珊也決定輪流一人守成，一人開創，誰薪水高就繼續待在電視台，另外一人就當自由人接案，開發新商機。幾年下來，累積的客戶跟人脈效果不錯，於是兩人都不再朝九晚五，生活型態更彈性。

至於如何預備孩子的留學基金？專家建議，若已經確定孩子未來將前往留學的國家，投資理財的工具跟標的最好使用當地的貨幣計價，例如確定留美，就可規劃美金計價的十年期保單、基金、ＥＴＦ，重點是這筆教育基金要專款專用，獨立於其他的投資，不可隨意動用，規律的定期定額，就算爸爸想換車，也不能提前贖回挪用。

一次拿兩百萬給孩子出國不容易，但每個月固定一萬，尋找年利率百分之五以上的產品，複利計算十年，就有機會達標。提前佈局配置當地貨幣計價的投資產品還有其他好處，包括可以降低短時間內大筆兌換的匯率風險，也可讓你更熟悉當地貨幣的波動週期，以紐西蘭為例，觀光業是重要經濟命脈，每年十一、十二月是南半球的夏天旅遊旺季，紐幣的需求增加會推升匯率。

二〇〇七年在奧克蘭Long Stay的時候，當時的房屋均價約四十萬紐幣，等於台幣八百萬就可入手一棟有前庭後院、有車庫的別墅，我們非常看好也非常想買間房，無奈口袋空空，但在奧克蘭有個家的想法，成了推動夢想的動力。後來回到台灣，廣接活動、出書演講、拓展財源，二〇一三年如願在奧克蘭買了間房先出租。

我們的想法是，置產的租金是被動收入、風險小，在奧克蘭有個基地等孩子去念書可收回自住，免得到時候要找學校又要找房子會手忙腳亂。再來，當地有個家就有歸屬感，每隔兩、三年租客搬離，我們就帶著孩子回去逛逛，一邊打掃環境、預備重新招租，一邊增加跟當地的連結，讓孩子有熟悉的安全感，藉著走訪附近的學校，跟孩子聊著將來的計畫，甚至國中有一年的暑假，還安排到當地學校短期就讀適應，孩子的心理狀態很早就慢慢調適，降低他們的文化衝擊。

我們的家訓是「吃吃喝喝真快樂」，希望孩子在有安全感的環境下快樂成長，這個初衷從未改變。所以當為了順利銜接課程，姊弟倆必須比原本預定的高中畢業提早兩年出發時，珮珊決定放下工作前往伴讀。因為課程要趕上，安全感也得接上，而這安全感是雙向的，不只孩子要心安、大人也要安心。

在珮珊陪伴的兩年，如何觀察姊弟倆可以獨立生活了？有幾個指標，例如考到了駕照，敢開車上路；購物會比價、精打細算；能煮牛肉麵、做咖哩飯；生病了會預約掛號看病等；碰到問題、尋找資源、解決問題，這是孩子成長過程中，我們最看重的能力。

生活大小事不可能一次到位、全都上手，透過錯誤學到的經驗才是自己的，所以就算百般不捨，我們也決定放手，當Sammi與Ethan先後進入奧克蘭大學就讀，珮珊就算完成階段性任務回台灣。

一如預期，分隔兩地有著無限的思念跟悵然，空巢期的失落感也在我們的劇本中，只是這劇情走得有點太快，我還在懷念上一集的精采。

15

出國拚未來

不當盲從的跟隨者

魯蛇出國還是魯蛇，資優生不出國照樣資優

「牛就是牛，牽到北京還是牛。」爸媽在思考是否要送孩子出國留學的時候，不妨先把這句俚語拿出來咀嚼。這句話來自農村社會，形容一頭頑固的牛，任主人如何鞭打拉扯，還是寸步不移、紋風不動，更暴戾的，還會翻臉、鬧牛脾氣，揚起雙角衝向主人。

孩子也是一樣，如果本質不適合、不愛讀書、沒有出國學習的動機、沒有獨立在異地生活的能力、年紀太小、安全感不夠、人格養成還不成熟……，送出國不但沒有更好，還會反撲家長，兩敗俱傷。

★了解孩子才能做好選擇

我看過一個孩子，爸媽都是銀行高階主管，經濟能力不錯，從小栽培他念私立雙語學校，放學後還聘請一對一英語家教，但偏偏這兒子對學習壓根沒興趣，翹課、吊車尾、慘遭退學，但爸媽還是按照原計畫把他送出國。

這下更糟了，爸媽不在身邊管教，肆無忌憚，十四歲染上菸癮，寧可睡網咖也不願回寄宿家庭，更因為無法融入，屢次和當地人打架。他告訴學校輔導員，「我爸媽不想管我，也管不了我，才把我丟來國外。」父母的期盼，對他是壓力；父母的投資，他嗤之以鼻。更慘的是，唯一的獨生子日漸崩壞，父母在養育的理念上出現嚴重歧異，天天互罵指謫，最終也走上離婚結局。

不是每個孩子都適合出國留學。魯蛇出國念書還是魯蛇，資優生不出國照樣資優。爸媽必須先思考送孩子出國的目的是什麼？國外文憑能不能為他帶來競爭力？

每個領域對於「學歷」的期待不同，對國外文憑的薪資待遇也不同。若以職場目標導向來看，我們熟悉的媒體業並不特別崇洋，當年永康從美國念完研究所回台灣電視台上班，起薪也只比土生土長、輔大畢業的我多個三千塊，跟龐大的留學費用相比，完全不符合投資報酬率。

但回頭看，年輕留學時扎下的外語基礎、在異國結交新朋友的本領、開拓新環境的膽識，在媒體職涯加分不少，重大新聞需要出國採訪、專訪外賓、雙語主持，喝過洋墨水的永康，總是優先被公司考慮，拔得先機。

★留學國選擇有訣竅

一但決定要留學，哪個國家是首選？你重視的是學校的排名？治安風氣？生活環境？有人選擇日本、韓國，因為生活型態跟台灣較接近，我們本身母語是中文，畢業之後在當地找工作具有優勢，父母思念，隨時買張機票飛過去探視也輕鬆。

美國，依舊主導全球留學市場，擁有四千所以上的大學、七十五萬名國際學生，選課、轉學制度彈性；民以食為天，有人純粹是喜歡漢堡牛排和貝果；也有三代都留美出於家族傳承。

有人選擇加拿大，因為同樣說英語，加拿大的學費比美國便宜，如果未來要考慮永久居留，加拿大對移民友善，楓葉卡比綠卡門檻低得多。

還有許多菁英選擇留法、留德，公立大學學費全免，只需要繳六百歐元的註冊費。不過取得學位的時間也會相對比較久，念個博士六到八年都是剛剛好而已。

我們家選擇紐西蘭，是因為早在二〇〇七年我們全家就已經到當地Long Stay，看中它在世界的邊陲，擁有絕世美景和良好的治安。我們在紐西蘭住的那一年，大門車門都不用鎖，早上運動散步的時候，每個人都會對你親切微笑說哈囉，警察不配槍，隨身只有警棍，因為都是些小奸小惡，根本用不到槍。但遺憾的是，物換星移，隨著外來移民大量的引進、貧富差距拉大、對社會不滿的聲音越來越多，清真寺慘遭恐怖襲擊，現在的紐西蘭治安每況愈下，青少年偷車之後出去飆車，飆到沒有油就扔在路邊；鎖定豪宅縱火偷竊；還有珠寶店、酒鋪、3C電器行這三類商店最容易被搶匪光顧打劫。

不說別人，光我家的信箱就被撬開兩次，被小偷偷走小包裹和信用卡；孩子的車好端端地停在地下停車場，車窗也被打破，紐西蘭全球最後一塊淨土也宣告淪陷。舉這個例子只是想要告訴你，選哪一個國家，也要「滾動式」地評估。

★學歷不等於薪資

大家不要以為，想接受高等教育的孩子比較有上進心，學歷跟薪資會成正比，那可不見得。許多國家的藍領階級賺得比上班族多很多。

舉例來說，我女兒在紐西蘭高三那一年，班上瞬間少了一半的人，這些同學不打算念大學，他們從高三開始為職業生涯做準備，美妝美髮、滑雪場、旅館餐飲服務是女孩的夢幻工作；汽車鈑金、木工、屋頂工、水電工則是男生的第一志願。重點是Kiwi很尊重這些職人，認為他們才是民生需求和基礎工程的英雄，不會把你看成洗頭小妹或黑手，剛入行很多人就有相當於台幣的百萬年薪，而且這些職人非常搶手，不擔心找不到工作。

再告訴你一個祕密，如果有紐西蘭人告訴你，他的職業是農夫，保證他是擁有大片森林、土地、農場、動物，或葡萄園的「好野人」。

留學或許對孩子的語文能力、自主能力，都有更多的鍛鍊機會，也可開拓他們的眼界、方便移民、讓孩子的人生有第二種選擇。但也有可能因為人生地不熟，使孩子遭到霸凌排擠，導致心理創傷，更因為國外環境開放，自我控制能力比較差的孩子，容易受到引誘誤入歧途，白白浪費大筆金錢和美好青春。

更不堪也更不樂見的是，長年在外、親子關係容易冷淡疏離，好不容易盼到孩子主動聯繫，表面是請安，實質卻是請款。所以外國的月亮到底是不是比較圓？你必須依照自身的家庭狀況還有孩子的個性去比較觀察才是正道，千萬別只是跟著風向走，累了自己，也浪費了孩子的青春。

永康＆珮珊的心底話

- 為了讓姊弟倆維持主動學習英文的熱情，我們經常在海外的旅遊行程中交代任務給孩子，例如點餐、挑禮物結帳，讓他們自己體驗說英文的重要跟成就感。
- 如何觀察姊弟倆可以獨立生活了？有幾個指標，例如考到了駕照，敢開車上路；購物會比價、精打細算；能煮牛肉麵、做咖哩飯；生病了會預約掛號看病等；碰到問題、尋找資源、解決問題，這是孩子成長過程，我們最看重的能力。
- 如果本質不適合、不愛讀書、沒有出國學習的動機、沒有獨立在異地生活的能力、年紀太小、安全感不夠、人格養成還不成熟……，送出國不但沒有更好，還會反撲家長，兩敗俱傷。
- 不是每個孩子都適合出國留學。魯蛇出國念書還是魯蛇，資優生不出國照樣資優。爸媽必須先思考送孩子出國的目的是什麼？國外文憑能不能為他帶來競爭力？

特別收錄

兒子國中畢業前夕，珮珊代表全體家長，寫了一封短文給畢業生：

- ◆孩子，你一定要學會做飯。我們都不在身邊的時候，還能照顧好自己。
- ◆孩子，你一定要學會開車。不依靠任何人，自由自在、去到你想去的地方。
- ◆孩子，一定要背起行囊，到世界去旅行。足跡有多遠，心就有多寬。
- ◆孩子，一定要有屬於自己的空間。動盪的環境更要給心一個安靜的角落。
- ◆孩子，若你自覺命好，這是上天的禮物，希望透過你的幫助讓更多人變好。
- ◆孩子，別追求奢侈品。笑容、談吐、自信是最大財富，氣質才是一生的名牌。

◆ 孩子，放下浮躁和懶惰。再長的路，一步步也能走完。再短的路，不出發永遠無法到達。

◆ 孩子，管好你的舌頭，它雖是人體最小的器官，卻可以帶來莫大的傷害，不當酸民，要多說造就人的話。

◆ 孩子，不斷的學習，讀書是吸取別人智慧最短的捷徑。你不優秀，認識誰都沒有用。你夠優秀，人脈自然來找你。

◆ 孩子，遇到挫折不要哭，淚水和汗水儘管成分相似，但淚水只能為你帶來同情，汗水卻可以為你贏得成功。

Ciel

這不是教養書

孩子要長大，爸媽要長進！岑永康╳張珮珊的獨家報導

作　　者 — 岑永康、張珮珊
發 行 人 — 王春申
選書顧問 — 林桶法、陳建守
總 編 輯 — 張曉蕊
責任編輯 — 張曉蕊
協力編輯 — 翁靜如
封面設計 — 萬勝安
內頁設計 — 林曉涵
業　　務 — 王建棠
行　　銷 — 張家舜
影　　音 — 謝宜華

出版發行 — 臺灣商務印書館股份有限公司
23141 新北市新店區民權路 108-3 號 5 樓（同門市地址）
電話：(02)8667-3712　傳真：(02)8667-3709　讀者服務專線：0800056193
郵撥：0000165-1　E-mail：ecptw@cptw.com.tw
網路書店網址：www.cptw.com.tw　Facebook：facebook.com.tw/ecptw

局版北市業字第 993 號
初　　版：2022 年 10 月
印 刷 廠：鴻霖印刷傳媒股份有限公司
定　　價：新台幣 380 元

法律顧問 — 何一芃律師事務所

國家圖書館出版品預行編目（CIP）資料

這不是教養書：孩子要長大,爸媽要長進!岑永康X張珮珊的獨家報導 / 岑永康, 張珮珊合著. -- 初版. -- 新北市：臺灣商務印書館股份有限公司, 2022.10
面；　公分
ISBN 978-957-05-3452-8(平裝)

1.CST: 親職教育 2.CST: 子女教育

528.2　　111014266

沒有一種幸福的溫度能超越家庭的和睦。

孩子的一切 盡力參與 就是最好的身教

為了拍這張照片，我們相機被海浪沖走（墾丁）。

脫單
到成家育兒
新聞人的
快狠準

2001年在新聞部辦公室拍婚紗照。

珮珊想要生四個，
永康：「我不依！」

2002年澳洲度蜜月（無尾熊保育園區）。

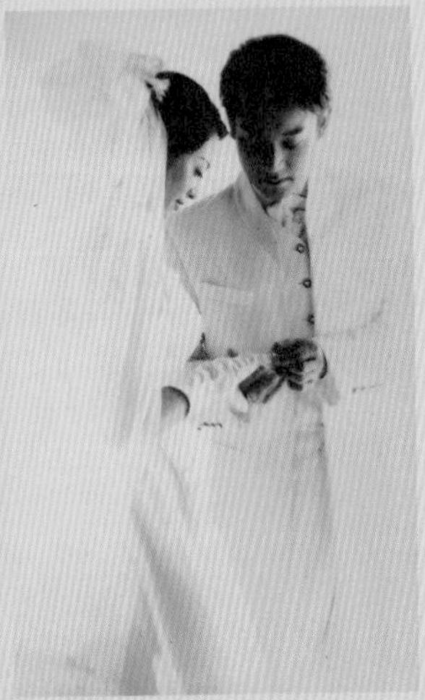

人稱新聞界的神鵰俠侶。

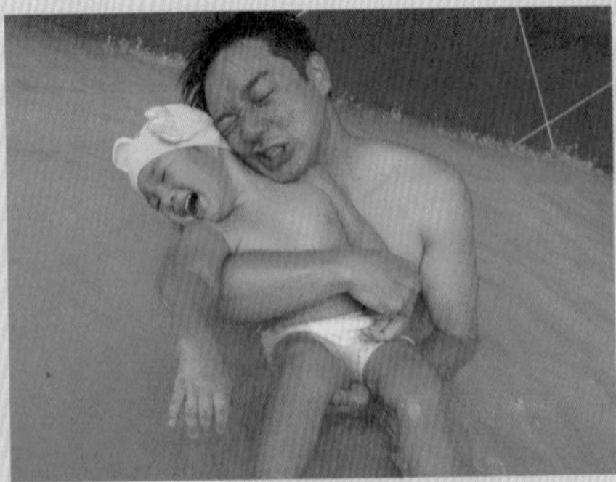

孩子們第一次洗溫泉，哭得死去活來。

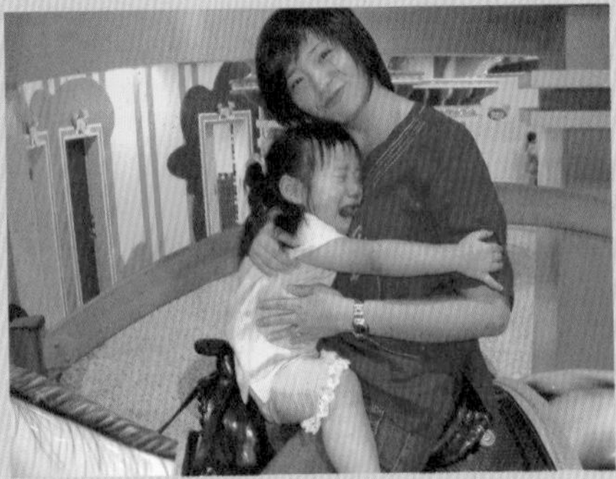

用孩子的邏輯化解孩子的情緒。

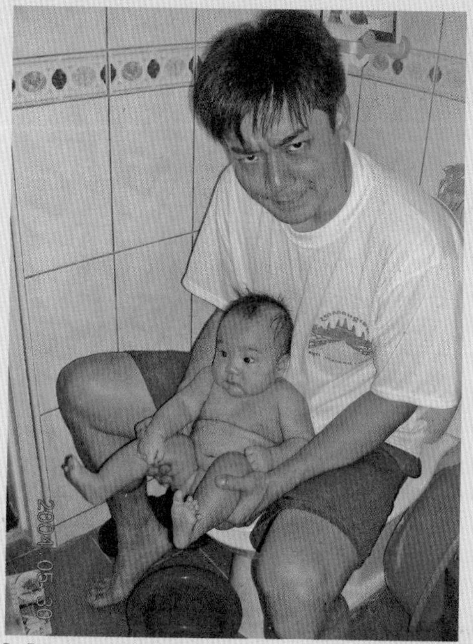

「父親」原本是我沒把握的角色，竟成了我的圓滿。

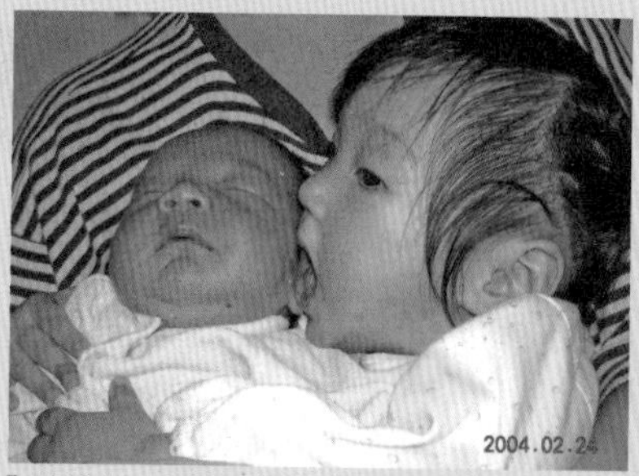

姊姊第一次看到弟弟，又親又舔。

特別加裝水槽給寶寶洗澡。

孩子就是世界上最可愛的小動物。

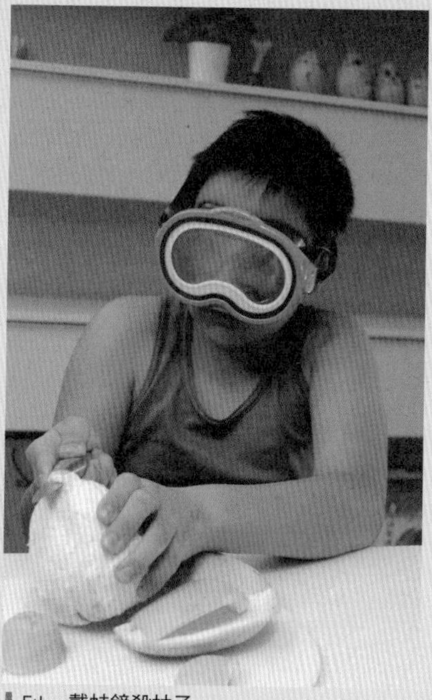

Ethan戴蛙鏡殺柚子。

上山下海
培養全家共同的興趣

我們訓練有素，可以隨時變化隊形（菲律賓Cebu）。

2017年加勒比海郵輪之旅（嘖嘖嘖……兒子的表情）。

皇后鎮激流泛舟，跳脫框架，勇敢探索。

陪兒子去滑雪場，骨頭都快散了。

孩子們，攝於奧克蘭機場，背著睡袋。

2008年於紐西蘭好牧羊人教堂前。

Mt. Eden 火山口 攝於2013年，大自然就是最好的教室。

一日海豚訓練師 ，熱衷所有水上活動。

奧克蘭地標天空塔（Sky Tower）攝於2013年，
旅途中是我們與小孩最親密的時刻。

在紐西蘭Cape Reinga飆沙，帶孩子走「不好走的路」吃苦是人生最好的補品。

在Cebu與鯨鯊共游。

海王子與海龍王，攝於Tauranga Beach。
「青出於藍，更甚於藍」不是口號。

父子鬥牛，兒子連續蓋我火鍋的那天終於來臨。

皇后鎮（Queenstown）搭纜車，絕世美景一覽無遺。

Sammi 的舞蹈課程，從孩子的愛好、特質找答案。

你已長大，我還未老，世間最美不過。
在Omaha Beach 衝浪趣。

在紐西蘭愛上釣魚，父子聯手帶回滿滿的漁獲。

全家都擁有潛水執照。

高空跳傘，願望清單又完成一項。

科羅曼多島，電影納尼亞傳奇的神秘入口。
曾經因為旅行丟了工作，卻賺得天倫之樂。

高空跳傘 12000 英尺。勇氣，是帶著害怕前進。

快樂憂傷 家都是最堅強的堡壘

2014年聖誕平安夜，女兒認真閱讀卡片上的文字。

Ethan鋤草賺零用錢，也賺人生經驗。
你若希望孩子腳踏實地，就給他們機會負責任。

14歲的耶誕節終於收到人生第一台筆電。

「身教」：孩子不是聽你說什麼，而是看你做什麼！

大阪環球影城，女兒最後一次坐上我肩膀，
轉眼成定格。

女兒18歲的那天，謝謝孩子讓我們又重新青春一次。

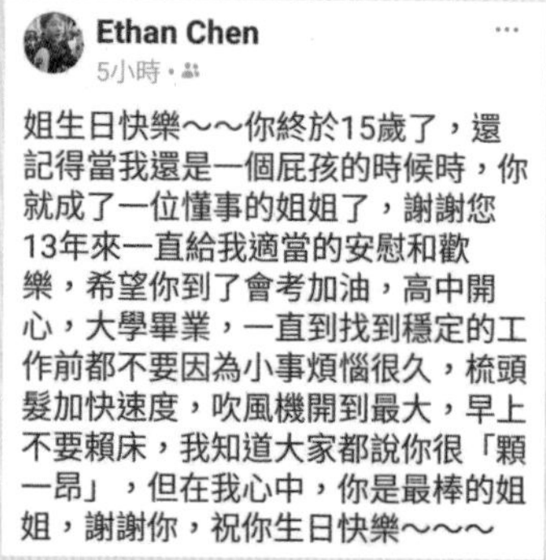

Ethan Chen
5小時・

姐生日快樂～～你終於15歲了，還記得當我還是一個屁孩的時候時，你就成了一位懂事的姐姐了，謝謝您13年來一直給我適當的安慰和歡樂，希望你到了會考加油，高中開心，大學畢業，一直到找到穩定的工作前都不要因為小事煩惱很久，梳頭髮加快速度，吹風機開到最大，早上不要賴床，我知道大家都說你很「顆一昂」，但在我心中，你是最棒的姐姐，謝謝你，祝你生日快樂～～～

弟弟的生日祝福（FB PO文）

女兒深情獻唱，爸爸聽得好陶醉。

曾在演講比賽嚴重受挫的Ethan，最後竟然代表畢業生致詞；從哪跌倒，哪裡站起來。

期許自己成為，臉甜、口甜、心甜的家庭。

兒子參加航空學校面試，順利錄取。
品格是機翼，學習是渦輪，信仰是燃料。

看中孩子的性格優勢，樂觀思考、自信溝通。

姊弟特別拍攝高中制服照，為成長做紀錄。

當孩子的Best Friend；孩子要長大，爸媽要長進。

陪女兒考駕照；她卻迷糊報錯考場。

兒子參加航空學校面試，其中一關是開模擬機。

Ethan 17歲生日於Areo club體驗小飛機駕駛。
一起預備「航空計畫」，許人生一個「飛行藍圖」。

陪女兒考駕照；「錯誤只是有待解決的問題而已」。

你希望孩子成為什麼樣子？又如何幫助孩子成為那個樣子。

牽手放手 都要學習 才能做更好

帶女兒參觀主播台。

在愛裡吵架 禱告中和好。
把脾氣拿出來，那叫本能；把脾氣壓下去，才叫做本事。

2015年美國行 父子一償宿願，大聯盟天使隊主場觀賽。

Ethan成為全家唯一的「理工男」。
目標是進入火箭實驗室Rocket Lab。

分離難免傷心，但也伴隨成長。

衝浪救生員考試，老爸扮演溺水的待救者 (臨時演員)。

懂愛也要懂分離。在機場送別，孩子學獨立，父母學放手。

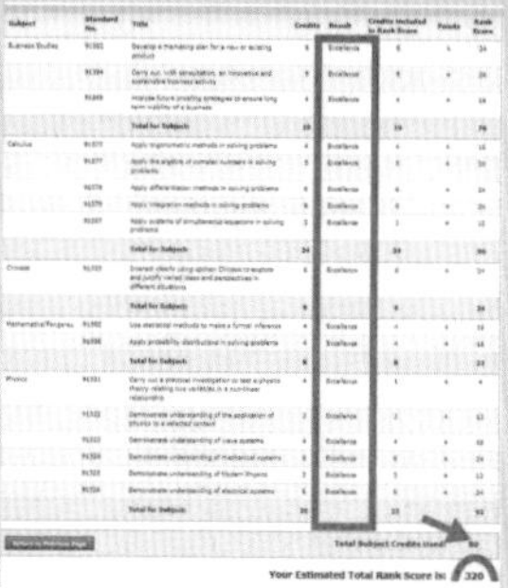

高中credits成績加權後Rank 320滿分值

所有科目都是Excellent，兒子以320個Rank 滿分值申請入學。

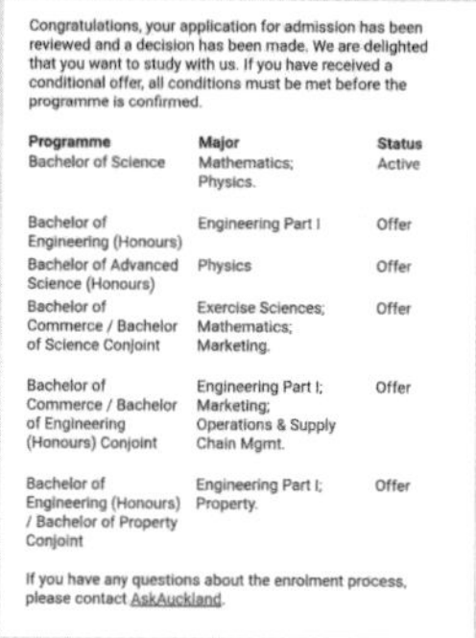

Congratulations, your application for admission has been reviewed and a decision has been made. We are delighted that you want to study with us. If you have received a conditional offer, all conditions must be met before the programme is confirmed.

Programme	Major	Status
Bachelor of Science	Mathematics; Physics.	Active
Bachelor of Engineering (Honours)	Engineering Part I	Offer
Bachelor of Advanced Science (Honours)	Physics	Offer
Bachelor of Commerce / Bachelor of Science Conjoint	Exercise Sciences; Mathematics; Marketing.	Offer
Bachelor of Commerce / Bachelor of Engineering (Honours) Conjoint	Engineering Part I; Marketing; Operations & Supply Chain Mgmt.	Offer
Bachelor of Engineering (Honours) / Bachelor of Property Conjoint	Engineering Part I; Property.	Offer

If you have any questions about the enrolment process, please contact AskAuckland.

Ethan總共申請六個系所，全壘打，全部獲得錄取。

奧克蘭大學。自律比成績或智商更能決定一個人未來的財富、健康與幸福。

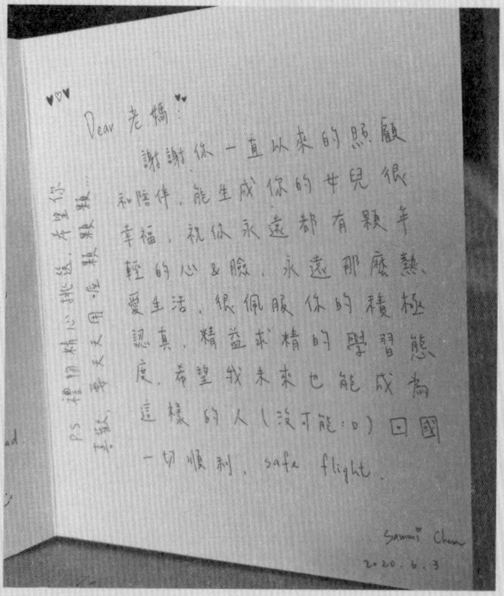

女兒寫給媽媽的生日卡片，我最喜歡這句「永遠都有年輕的心和臉」。

參觀匹茲堡大學。一個人走得快，一家人走得遠；走著走著，世界就會不一樣了。

▌帶孩子參加節目錄影，讓他們知道父母的工作內容和屬性。

▌奧克蘭大學。科系選擇攸關職涯，不只要感性支持，更要理性分析。

▌Sammi在美食廣場打工，人生沒有用不到的經歷。

▌Ethan利用課餘時間在樂高教室當助教。

過去現在未來
有你有我

今昔對照，妙趣橫生

西雅圖 雷尼爾山。帶孩子出遊，他們會記得嗎 我們牢記在心就夠了。

格雷茅斯（Greymouth）
千層派岩石區（Pancake Rocks）。

紐西蘭奇異鳥保育園區入口。

瓦納卡 Puzzle World。

Cebu螃蟹船。良好的習慣是為孩子存的資產，會不斷增值，而且一生享受利息。

皇后鎮山頂。神還原、神複製，眼神都一模一樣。